Die Morgendämmerung der Worte

Die Andere Bibliothek

Begründet von
Hans Magnus Enzensberger

DIE MORGENDÄMMERUNG DER WORTE

MODERNER POESIE-ATLAS DER ROMA UND SINTI

Gedichte versammelt
und ediert von
Wilfried Ihrig und Ulrich Janetzki

Deutschland

Österreich

Schweiz

Frankreich

UdSSR

und Nachfolgestaaten

USA

VORWORT VON DOTSCHY REINHARDT

Ein Poesieatlas zur Lyrik der Sinti und Roma? Gibt es diese Lyrik überhaupt? Wenn ja, was ist charakteristisch für sie? Und was war der Antrieb der beiden »Non-Roma / Sinti« Wilfried Ihrig und Ulrich Janetzki, diese Gedichte mühevoll zu sammeln? Wer oder was sind Sinti oder Roma und woran macht man einen Sinto oder eine Sinteza, einen Rom oder eine Romni fest? Was ist der Unterschied zwischen beiden Gruppen und woher stammen sie? Welche Sprache und Religion haben Sinti und Roma? Hat diese Minderheit ein eigenes Land oder zieht sie in Wohnwagen umher?

Gewiss, das eigene Bekenntnis zu einer Minderheit ist freiwillig. Es steht den Menschen frei, sich als Angehörige oder Angehöriger welcher Minderheit auch immer öffentlich erkennen zu geben - oder auch nicht. Wir finden in diesem Atlas eine Sammlung von Autorinnen und Autoren, die sich irgendwann zu ihrem Hintergrund als Sinteza und Sinto oder Romni und Rom geäußert haben oder deren Romno-Hintergrund mehr oder weniger glaubhaft über Dritte (oft Angehörige) dokumentiert wurde. Hinzu kommen Gedichte der Jenischen und Traveller, die aber ohne diesen Sinti- oder Roma-Hintergrund sind.

Zum besseren Verständnis der vorliegenden Gedichte bedarf es einiger Informationen über die verschiedenen Gruppen der Sinti und Roma: über ihre Kultur, ihre Geschichte und ihre Lebensrealitäten. Ich möchte Ihnen als deutsche Sinteza, die viele der im Buch vertretenen Autorinnen und Autoren kennt und mit einigen von ihnen durch eine persönliche Geschichte verbunden ist, eine Innenansicht ermöglichen.

Als Bürgerrechtlerin und Vorsitzende des Landesrates der Roma und Sinti erlaube ich mir auch einen Blick aus der Menschenrechtsperspektive: Wie die meisten Sinti oder Roma lehne ich den Begriff »Zigeuner« sowie die damit verbundenen Ressentiments und gängigen »Zigeuner-Klischees« als rassistische Fremdbezeichnung oder Fremdzuschreibung energisch ab. Manche der vorliegenden Übersetzungen sind im »historischen Kontext« zu sehen und beinhalten daher das »Z-Wort« noch, oder es wird von den Autorinnen und Autoren im negativen Sinn verwendet.

Andere benutzen diesen für die »Community« meist beleidigenden Begriff ganz bewusst und wollen damit provozieren oder gar ein eigenes »Zigeuner- oder Gypsy-Label« vermarkten, was sich oft als kontraproduktiv für die Menschenrechtsbewegung der verschiedenen Gruppen von Sinti und Roma herausstellt.

1899 wurde in der Polizeidirektion München der »Nachrichtendienst für die Sicherheitspolizei in Bezug auf Zigeuner«, Kurzform: Zigeunerzentrale, gegründet. Diese wurde 1933 als NS-»Reichszentrale zur Bekämpfung des Zigeunerunwesens« übernommen und trug mit der Erfassung von Akten zu Heinrich Himmlers »Auschwitzerlass zur Deportation der Sinti und Roma« vom 16.12.1942 bei. Die Einordnung der NS-Vernichtungspolitik in den jahrzehntelangen polizeilichen Verfolgungsdiskurs reichte bis weit in die 1960er-Jahre.

Unlängst – nach der Debatte über die Verleihung des »Echo«-Musikpreises 2018 an die Rapper Kollegah und Farid Bang – konnten wir feststellen, dass man gegenüber der Verbreitung von Rassismus schon in den Anfängen eine rote Linie ziehen muss. Die insbesondere von Farid Bang gerappte Textzeile aus ihrem Song »0815« hat für Protest gesorgt: »Mein Körper definierter als von Auschwitzinsassen«. Nicht nur der Zentralrat der Juden in Deutschland, die angeschlossenen jüdischen Gemeinden, der Zentralrat der Deutschen Sinti und Roma und andere Menschenrechtsverbände haben ihre Stimme gegen diese Auszeichnung erhoben. Die Solidaritätsbekundung mit den ehemaligen »Auschwitzinsassen« und deren Nachkommen kam auch von ehemaligen

Echo-Preisträgern selbst. So gaben mehrere Musiker ihren »Echo« zurück, unter ihnen auch Marius Müller-Westernhagen, das Notos Quartett und Klaus Voormann. Dieses Thema hat sogar die Politik erreicht: Außenminister Heiko Maas nannte die Auszeichnung »beschämend«.

Das breite Spektrum von Sinti- und Roma-Autorinnen und Autoren, aber auch von Jenischen und Travellers (Menschen, die ihrer Herkunft nach zwar weder Sinti noch Roma sind, die jedoch ebenfalls oft das Label »Gypsy« aufgestempelt bekommen und möglichst den »Lifestyle« verkörpern sollen, den die Allgemeinheit den »Gypsies« zugesteht und seit Jahrhunderten andichtet) für einen Gedichtband zu versammeln, um erstmals diese Literatur in den Mittelpunkt der Aufmerksamkeit der Leserschaft zu rücken, ist Ziel des ambitionierten Projekts. Mit dem Anspruch, einen »modernen Poesie-Atlas« dieser Minderheiten zusammenzutragen, begaben sich Wilfried Ihrig und Ulrich Janetzki jahrelang und über alle Kontinente hinweg auf Spurensuche. Dabei sind sie in den Antiquariaten und Bibliotheken Europas auf wahre, zum Teil noch unveröffentlichte oder noch nie übersetzte literarische Schätze gestoßen. Bei der Frage aber, was nun charakteristisch für Roma- oder Sinti-Lyrik ist, ist rasch festzustellen, dass sie sich nicht beantworten lässt. Neben der biographisch geprägten und in Romanes verfassten Lyrik finden sich aus 21 Sprachen erstmals ins Deutsche übertragene Gedichte. Dabei handelt es sich um Schriftstellerinnen und Schriftsteller, die es mitunter zu großem Ansehen in Literatur und Kunst gebracht haben. Es wird schnell deutlich, dass die Verfasserinnen und Verfasser »Individualisten« sind, die sich nicht ausschließlich auf ihre Herkunft als Sinti oder Roma reduzieren lassen wollen, auch wenn es für ihre Kunst eine Bedeutung haben mag, die mehr oder weniger ausgeprägt ist. Die Themenvielfalt ihrer Lyrik spiegelt die große Heterogenität der Minderheit wider und ist eng verbunden mit der Generation, der Geschichte, den Herkunfts- und Heimatländern, in denen die Autorinnen und Autoren leben oder in denen sie aufgewachsen sind. Gerade die deutschen Sinti verbindet eine lange Geschichte mit Deutschland; dementsprechend emotional ist ihr Verhältnis zu einem Land, das sie schon seit jeher auch als ihres wahrgenommen haben und für das manche sogar schon im Ersten Weltkrieg gekämpft haben. Und das in einem Land, in dem man in der NS-Zeit für die weltweite Auslöschung von Sinti und Roma sorgen wollte; in einem Land, in dem sie trotz aller Ungerechtigkeiten geblieben sind, überlebt haben und heute für die Demokratie einstehen.

Im Nachbarland Österreich verhielt es sich nicht anders, nur wird die größte autochthone Minderheit nicht von den Sinti, sondern von den Burgenland-Roma gestellt, zumeist aus der Gruppe der Kalderasch.

Die eigene Herkunft als Sinteza und Sinto oder Romni und Rom spielt vor allem für die MenschenrechtsaktivistInnen wie Gilda Horváth, Samuel Mágó oder Jessica Reidy eine große Rolle.

Samuel Mágó ist mütterlicherseits Jude und väterlicherseits ungarischer Rom. Der Schriftsteller und Gewinner des Literaturwettbewerbs PEN arbeitet seit Jahren als Menschenrechtsaktivist in Wien beim ORF und dem Roma NGO Romano Centro. Er und sein Bruder Károly Mágó veröffentlichten 2017 das viel gelobte Buch *Glücksmacher. Kurzgeschichten aus der Welt der Roma.*

Ungeachtet dessen, dass viele Roma und Sinti in ihren Ländern gut integriert sind und sich in ihrer Lebensweise kaum von der Mehrheitsgesellschaft unterscheiden, wird vielen ihre Herkunft zum Stigma. Viele Sinti und Roma ziehen sich mit ihrer Herkunft in die Anonymität zurück, denn Benachteiligungen im Alltag sind für Sinti und Roma keine Seltenheit: bei der Wohnungssuche, auf dem Arbeitsmarkt oder im Bildungs- und Gesundheitswesen. Neue Wortschöpfungen, wie »Sozialtouristen« und »Bettelbanden« unterstützen diese in der europäischen Geschichte tief verwurzelten Feindbilder. Dass sich Europäer aus Perspektivlosigkeit und Armut gezwungen fühlen, das eigene Land zu verlassen, wird selten auf die Versäumnisse bei der Integration in die Länder der EU geschoben, sondern auf die Roma selbst.

Mit zunehmendem Erfolg der rechten Parteien hat die »Roma-Hetze« Einzug in die Parlamente der europäischen Länder Einzug erhalten. Ob beim Front National (Frankreich), der Jobbik-Partei (Ungarn), der FPÖ (Österreich), der Lega (Italien), UKIP (England) bis hin zur AfD in Deutschland: Populisten hetzen lauthals gegen Minderheiten, also auch gegen Roma und Sinti. Die Ablehnung gegen Ausländer wird mittlerweile auch auf unseren Straßen sichtbar, auf denen sich Tausende Menschen versammeln, um ihren

Unmut gegen »Überfremdung« auszudrücken. Brandanschläge auf Asylheime und gewalttätige Übergriffe geschehen fast täglich in Deutschland. Die Alarmglocken läuten für Menschenrechtler und Betroffene, der »Rechtsruck« in Europa ist Realität geworden und die Notwendigkeit zum Handeln unumgänglich.

Sinti und Roma sind ethnische Minderheiten, die vor etwa tausend Jahren aus (Nordwest-)Indien abgewandert sind, was den gemeinsamen Romno-Hintergrund ausmacht. Während sich Roma nicht einem bestimmten Gebiet in Indien zuordnen, berufen sich Sinti (Sindhi) auf ihr ehemaliges Herkunftsgebiet, den Sindh. Alle Gruppen leben seit Jahrhunderten in ihren europäischen Heimatländern und sind mit deren Kulturen eng verbunden, sie werden von ihrer Umgebung aber oft nicht als gleichberechtigte Bürger wahrgenommen. Die ersten Sinti wurden bereits 1647 im Hildesheimer Grundbuch eingetragen. In Europa leben 8–12 Millionen Sinti und Roma.

Der Begriff »Roma« ist ein Überbegriff für alle Gruppen, die sich als solche bezeichnen. Sie leben seit Jahrhunderten in (Süd-) Osteuropa, haben eine Hymne und eine eigene Flagge. Die Hymne »Gelem, Gelem« wurde von Jarko Jovanovic und Ján Cibul'a aus Anlass des ersten Internationalen Romani Kongresses (RIC) geschrieben, der am 8. April 1971 in London ausgerichtet wurde. Im Zeichen des Strebens nach länderübergreifender Solidarität und Einheit im Kampf gegen gesellschaftliche Marginalisierung engagierte er sich für eine Verbesserung gesellschaftlicher Chancen und für eine politische Teilhabe. Seither hat sich dieses Datum als Welt-Roma-Tag etabliert und wird von vielen Organisationen und Roma mit Feierlichkeiten und politischen Diskussionen bis hin zu Demonstrationen begangen. Beim zweiten Romani-Kongress 1978 wurde Ján Cibul'a von den weltweit angereisten Delegierten zum Präsidenten des RIC gewählt. Diese Bewegung führte zur Gründung der »International Romani Union« (IRU). Zu den Gründern gehörten neben Roma auch Repräsentanten der Jenischen, die von den Nazis als »Asoziale« verfolgt worden waren.

Der Schauspieler Yul Brynner war in der Gründungsphase der IRU Ehrenpräsident und hat sich in den 70er-Jahren aktiv für den internationalen Zusammenschluss von Roma und für eine Anerkennung der Minderheit eingesetzt. Der Kanadische Rom-Autor Ronald Lee schrieb einen Nachruf *An Yul Brynner.*

Auch Delegierte der deutschen Sinti waren bei den Roma-Kongressen anwesend, beim dritten RIC wurde sogar der deutsche Sinto und Vorsitzende des Zentralrats Deutscher Sinti und Roma, Romani Rose, als Vize-Präsident gewählt. Er und andere Sinti stellten jedoch klar, dass Sinti die Flagge und Hymne ihrer Heimatländer hätten und sich daher nicht mit der Roma-Flagge und »Gelem, Gelem« identifizierten.

Der 8. April wird dennoch jedes Jahr in Freundschaft und Solidarität mit den Roma Europas begangen. Sinti legen aber Wert auf ihre Eigenständigkeit als Gruppe: Sie haben eine eigene Geschichte, eine eigene Sprache, ihre Traditionen und leben vorwiegend in West- und Mitteleuropa.

Wir finden Gedichte, vor allem der älteren Roma- und Sinti-Generation, wie »Das Monster« von Matéo Maximoff, der als Sohn eines russischstämmigen Kalderasch und einer Sinteza, der Cousine des berühmten Jazz-Gitarristen Django Reinhardt, geboren wurde und mit seiner Familie 1939 zweieinhalb Jahre in Lagern interniert war. Diese Erlebnisse hielt er später seinem Buch *Routes sans roulottes* (dt. *Straßen ohne Wohnwagen*) fest. Wir lesen von József Choli Daróczi »Die Zigeuner wurden verschleppt«, ihn lernte ich vor einigen Jahren in der ungarischen Botschaft in Berlin als würdevollen, stolzen Mann kennen.

Von Karol Parno Gierliński stammt »Nur Asche«; er war eines der vielen Kinder, die während der nationalsozialistischen Verfolgung von der polnischen Romni Alfreda Markowska gerettet wurden. Sie selbst begab sich während dieser Rettungsaktionen in Todesgefahr, indem sie nach noch lebenden Kindern suchte, etwa unter den »Leichenbergen«, die im Wald oder auf offenem Feld gestapelt lagen, oder Kinder aus Zügen, die auf dem Weg nach Auschwitz waren, schleuste. Gierliński sagte über Markowska: »Ihr war klar, dass sie sterben könnte.« Ihr verdankte auch der polnische Sinto sein Leben.

Ceija Stoikas »Ich Ceija sage Auschwitz lebt«, »Eine Schneeflocke«, oder »Als ich ein Kind war« von der deutschen Sinteza und Holocaust-Überlebenden Philomena Franz sind stark von ihren Erlebnissen als Opfer der Nationalsozialisten geprägt. Philomena Franz und die Autorin, Künstlerin und Romni Ceija Stojka haben mit ihren autobiografischen Texten einen großen Pionierdienst für die Sinti- und Roma-Erinnerungsliteratur geleistet.

Ich hatte das große Vergnügen, Philomena Franz im Rahmen eines Zeitzeugengesprächs kennenzulernen. Bevor ich sie anrief, befürchtete ich, dass mir aufgrund des großen Respekts vor ihr als Holocaust-Überlebende und als Autorin die Worte fehlen würden – ich erwartete eine vom Schicksal gebrochene, ernste Person. Als sich nach nur wenigen Momenten des Telefonats herausstellte, dass ich es mit einer sehr vitalen Person zu tun hatte, war ich erstaunt. Als Tochter eines Cellisten und einer Sängerin wurde sie in Oberschwaben geboren und begleitete ihre Eltern auf Tourneen durch ganz Europa. Sie lebten ein gutes Leben und waren an ihrem Wohnort gut integriert, bis Philomena Franz 1938 wegen ihrer »rassischen« Zugehörigkeit die Mädchenoberschule in Stuttgart verlassen musste. Ein Jahr darauf trat der »Festsetzungserlass« gegen »Zigeuner« in Kraft, die Familie wurde daraufhin erkennungsdienstlich erfasst. Philomena und ihre Familie durften fortan ihren Wohnort nicht mehr verlassen. Aber es sollte noch schlimmer kommen: Sie wurde direkt von ihrem Arbeitsplatz bei der Stuttgarter Firma Haaga im April 1944 nach Auschwitz deportiert, danach kam sie ins Frauen-KZ Ravensbrück. Ihre Eltern, Onkel, Neffen und sieben Geschwister wurden von den Nazis im KZ ermordet. Nach ihrer Befreiung trat sie mit ihrem Mann und ihrem Bruder als Sängerin auf. Anstatt zu resignieren oder ihre Herkunft als Sinteza zu verleugnen, verarbeitete sie – mittlerweile Trägerin des Bundesverdienstkreuzes – ihre Erinnerungen in den Büchern *Zigeunermärchen* (1982) und *Zwischen Liebe und Hass. Ein Zigeunerleben* (1985) sowie als Autorin des Gedichtbandes *Tragen wir einen Blütenzweig im Herzen, so wird sich immer wieder ein Singvogel darauf niederlassen* (2012). Zudem stellt sie sich als Zeitzeugin in Bildungseinrichtungen und Medien zur Verfügung, referiert in Schulen und Universitäten, ist in Talkshows und Radiosendungen zu Gast.

Oft standen die Überlebenden vor dem Problem, dass die extreme Traumatisierung nicht in die Sprache einer lebensgeschichtlichen Erzählung gefasst werden konnte. Die Lyrik, die Musik und die bildende Kunst war für viele Sinti und Roma ein dankbares Medium, mit dem sie ihr unausgesprochenes Leid zu artikulieren und zu vermitteln vermochten. Auch die Nachkriegsgeneration hatte unter den Ängsten ihrer Eltern und den Repressionen derjenigen Nazis, die nach 1948 wieder nahtlos wichtige

Ämter übernahmen, zu leiden. Sie wuchsen im Schatten der Traumata der Holocaust-Überlebenden auf.

Deutsche Sinti waren als Erste unmittelbar von der Verfolgung durch die Nationalsozialisten betroffen und haben nach dem Zweiten Weltkrieg in Deutschland in einer unermüdlichen Bürgerrechtsbewegung um Anerkennung und Wiedergutmachung gekämpft.

Ich selbst wuchs als deutsche Sinteza, als Nachfahrin von Holocaust-Überlebenden im ehemaligen »Zigeuner-Zwangslager« Ummenwinkel bei Ravensburg auf. Natürlich wusste ich lange nichts von der schrecklichen Geschichte der Siedlung. Während meiner Kindheit war es für mich eher der größte Spielplatz der Welt. Umgeben von anderen Sinti-Familien, in freier Natur mit Haustieren und Familie, war ich oft und gerne bei meinen Großeltern, die dort meine Mutter und ihre neun Geschwister großgezogen hatten. Erst viel später erfuhr ich, dass diese Baracken von den Nazis erbaut worden waren, um die »Zigeuner« besser nach Auschwitz deportieren zu können. Am 13. März 1943 waren schließlich 36 Kinder, Männer und Frauen abgeholt und vom Güterbahnhof Stuttgart in das neu eingerichtete »Zigeunerlager Auschwitz« deportiert wurden.

Mehr als 500.000 Sinti und Roma fielen den Nazis zum Opfer. Lange blieb ihren Angehörigen die Anerkennung und die damit verbundene finanzielle Entschädigung von Seiten Deutschlands verwehrt, weshalb man heute auch vom »vergessenen Holocaust« spricht. Anfang 1982 wurde der Zentralrat Deutscher Roma und Sinti gegründet. Ende 1982 wurde schließlich der Völkermord aus rassistischen Gründen an den Sinti und Roma Europas unter Bundeskanzler Helmut Schmidt anerkannt.

Zu den prägenden Persönlichkeiten der deutschen Sinti und Roma gehörte auch Reinhold Lagrene. Er war zu Lebzeiten Referatsleiter für Bildung im Dokumentationszentrum deutscher Sinti und Roma in Heidelberg. Seit Anfang der 1970er-Jahre hat er sich für das Recht der Minderheit engagiert und zahlreiche Gedichte großer Autoren wie Hölderlin, Goethe und Mörike ins Romanes der Sinti übersetzt. Besonders wichtig war ihm die Erzählkunst deutscher Sinti und die Minderheitensprache Romanes, für deren Erhalt und Förderung er sich intensiv einsetzte.

Eine gemeinsame Religion kennen Sinti und Roma nicht, meistens haben sie sich den vorherrschenden monotheistischen Religionen ihrer Heimatländer angeschlossen.

Katholische Sinti besuchen seit Jahrzehnten Pilgerorte wie Lourdes und Saintes-Maries-de-la-Mer oder machen sich auf den Weg zu kleineren Wallfahrten. Evangelische Sinti besuchen regelmäßig die Gottesdienste in ihren Gemeinden, im Sommer auch während Zeltmissionen: Auf einem von der Stadt oder Gemeinde gepachteten Gelände werden Zelte aufgeschlagen und zum öffentlichen Gottesdienst eingeladen. Ich hatte das Vergnügen, beides zu erleben.

Roma, etwa aus dem Kosovo, besuchen hingegen die Moschee oder sogar eine von Roma geführte Moschee, und auch zum Judentum konvertierte Sinti gibt es.

Der Glaube nimmt für die meisten Menschen mit Romno-Hintergrund eine wichtige Rolle in ihrem Leben ein – mir sind kaum Atheisten unter ihnen begegnet. Schließlich half der Glaube das schwere Leben zu bewältigen, schlimme Erfahrungen besser zu verkraften, den Hass auf die Peiniger zu überwinden und in die Zukunft zu schauen.

Der Autor Valdemar Kalinin wurde 1946 in Weißrussland geboren, sein Vater war Rom. Mit 43 Jahren fand er zum Glauben und bekehrte sich in einer Roma-Pfingstgemeinde, nachdem ein Ehepaar von ihrem Erlebnis mit Gott erzählte. Seitdem ist er ein bekennender wiedergeborener Christ und hat sowohl das Neue als auch das Alte Testament ins baltische Romanes übersetzt, was eine großartige Leistung darstellt. Dabei wurden ihm allerdings auch Steine in den Weg gelegt: Seinem Arbeitgeber in Weißrussland war Kalinins Religiosität ein Dorn im Auge, sodass dieser seine Stelle als Sprachlehrer verlor. Bis 1995 schlug er sich als freischaffender Übersetzer durch, bis er ein Angebot aus London bekam und schließlich dorthin zog. In London hatte er gute Möglichkeiten, Sprachwissenschaftler und Experten für seine Bibelübersetzung um Rat zu fragen, zudem studierte er die alten Sprachen. 2001 erschien die erste Übersetzung des Neuen Testaments in Romanes, 2015 folgte die Übersetzung des Alten Testamentes. Kalinin sorgte mit seiner Arbeit für großes Aufsehen – innerhalb und außerhalb der Roma-Community. Valdemar Kalinin ist unter anderem Verfasser von »Auf Belarus fällt weißer Schnee« und

»Romani«. Das hier zu lesende Gedicht »Zypern« war bislang unveröffentlicht.

Freuen Sie sich auf einen Band mit Gedichten, in denen verschiedene Lyrikerinnen und Lyriker Sie in ihre ganz persönliche Gefühls- und Erfahrungswelt einladen oder Sie auf eine Reise hin zu Orten mitnehmen, zu denen Sie normalerweise keinen Zugang haben. Denn diese Orte werden von teilweise immer noch traumatisierten und ihrer Umwelt gegenüber sehr verschlossenen Menschen als geschützter Raum empfunden, in dem sich Dinge sagen lassen, über die man bisher nicht sprechen wollte oder konnte.

Fernab jeder Opferrolle erheben Autorinnen und Autoren ihre Stimme gegen Antiziganismus und lassen den Leser an ihrer Kultur teilhaben. Lassen Sie sich auf diese Reise ein und folgen Sie den Gedichten in eine Welt voller Freude und Trauer, voller Lieder und Sehnsucht nach einem Ankommen. Und es wird Sie vielleicht überraschen, den einen oder anderen Namen unter den Autoren und Autorinnen zu entdecken. Selbst ich war überrascht, als ich las, dass Gheorghe Zamfir, der australische Nationaldichter Henry Lawson und der große Charlie Chaplin einen Sinti- oder Roma Hintergrund hatten.

Charlie Chaplin soll 1889 als Sohn einer Artistin, die im Zirkus ihres Vaters durch England zog und schließlich in London landete, im Wohnwagen der Gypsy Queen Sentina auf einer von Bäumen umsäumten Wiese geboren worden sein, an einem Ort namens »Black Patch«. Auf diesem Platz campierten Romany People (also Sinti und Roma) und Travellers (reisende Schausteller) mit ihren Wohnwagen. Lange nach dem Ableben Charlie Chaplins, im Jahr 1991, fand Victoria Chaplin einen ihr unbekannten Brief in der Nachttischschublade ihres Vaters. Der Verfasser des Briefes war ein englischer Rom, ein gewisser Jack Hill. Er erklärte darin, den wahren Geburtsort von Charlie Chaplin zu kennen.

Der Schauspieler (»Limelight«), Autor (»Couldn't Smoke the Grass on my Father's Lawn«) und Sohn von Charlie Chaplin, Michael Chaplin, ging dieser Information nach und begann sogar mit den Dreharbeiten zu dem Film »Caravan Trails – Charlie Chaplin The Untold Story« , in dem er sich auf Recherchen zum Black Patch Park und zum angeblichen Sinti-Hintergrund seines Vaters begab. Vor kurzem rief er mich aus seiner Londoner Wohnung an und meinte, dass er es für eine schöne Idee halte, das geradezu dadaistisch anmutende »TITINE«, besser bekannt unter »Nonsense-Song« aus dem Film *Modern Times,* in diesen Atlas aufzunehmen.

Michael Chaplin besucht regelmäßig den Black Patch Park nahe Birmingham, in dem ein Gedenkstein an die »Romany People« erinnert, die einst hier lebten. Ted Rudge, der Vorsitzende von Romany Memorial Group, veranstaltet jährlich eine Gedenkveranstaltung.

DEUTSCH

LA
ND

Lasst uns unser Recht fordern

Ihr eigenen Leute, liebe Sinte
hört was wir zu sagen haben
ihr wißt ihr wißt alle
wie es uns in der NS-Zeit ergangen ist
wenn wir nicht wollen daß sich so etwas wiederholt
eine Zeit in der unsere Leute verfolgt wurden
dann laßt uns zusammenhalten
nur so werden wir unser Recht bekommen

Die Musiker unter den Zigeunern
kommen heutzutage überall herum
sie hören hören von ihren Stammesangehörigen
wie es ihnen selbst heute noch ergeht
sie finden keine Lagerplätze
wenn sie im Sommer auf die Reise gehen
dort wo es am menschenunwürdigsten ist
dort erlaubt man ihnen über den Winter zu bleiben

Wir kennen viele Zigeuner in Deutschland
die in diesem Land alt geworden sind
soll uns doch der gadjo[1] sagen
warum sie keine Papiere (Staatsangehörigkeit) erhalten
weil der gadjo uns nicht achtet – dagegen müssen wir angehen
das dürfen wir uns nicht länger bieten lassen
haben sie vergessen was man uns angetan hat
ist das ihre Gerechtigkeit

Refrain:
Wir müssen einen Weg für uns suchen
wir müssen einen Weg für uns finden
laßt uns unser Recht fordern
wir bitten euch (die eigenen Leute)
laßt uns nicht auf dem alten Weg (der Passivität) bleiben

1 Nichtzigeuner (Anm. d. Übers.)
Aus dem Romanes von Siegfried Maeker

Bad Hersfeld

Es gibt eine schöne Stadt,
In der jeder seine Rechte hat,
In der jeder seine Rechte hat,
Rechte hat, Rechte hat, Rechte hat, Rechte hat, Rechte hat ...

Jeder Bürger hier im Ort,
liebt die Zigeuner im Akkord,
liebt die Zigeuner im Akkord,
Akkord, Akkord, Akkord, Akkord, Akkord ...

Die Wohnungen sind sauber, die Häuser adrett,
die Ratten beißen unsre Kinder im Bett,
die Ratten beißen unsre Kinder im Bett,
im Bett, im Bett, im Bett, im Bett, im Bett ...

Im Winter gibt es oft kein Wasser,
die Wände sind drum um so nasser,
die Wände sind drum um so nasser,
um so nasser, um so nasser, um so nasser, um so nasser,
um so nasser ...

Gemütliche Kneipen, ein freundliches Bild:
»Zigeuner verboten«, draußen steht's auf dem Schild,
»Zigeuner verboten«, steht auf dem Schild,
auf dem Schild, auf dem Schild, auf dem Schild, auf dem Schild,
auf dem Schild ...

Der Bürgermeister sagt: »Verreist doch, ihr Lieben.«
Per Bahnfracht will er uns abschieben,
per Bahnfracht will er uns abschieben,
abschieben, abschieben, abschieben, abschieben, abschieben, ...

Er könnt es doch viel billiger haben,
er brauchte uns doch nur zu begraben,
er brauchte uns doch nur zu begraben,
begraben, begraben, begraben, begraben, begraben ...

Bad Hersfeld, ach du schöne Stadt,
die ihre Bürger gerne hat,
die ihre Zigeuner gerne hat,
gerne hat, gerne hat, gerne hat, gerne hat, gerne hat ...

Kon hum me?

Wer bin ich?

Ziellos durch den Nieselregen laufend,
verströme ich den letzten Duft von einer Frühbar.
Billiges Nuttenparfüm, Zigarettenqualm,
Pomadenglanz im Haar,
aus der über der Stirn hängenden wilden Locke
tropft es leicht auf meine Nase
Kon hum me?

Atemlos schließe ich einen Moment die Augen
keine Leute auf der Straße,
und doch fühle ich mich durchbohrt
wie von tausend Augenpaaren.
Um die Ecke fährt ein Streifenwagen,
satte zufriedene Gesichter darin leuchten blaß
Kon hum me?

Fröstelnd schlage ich den Kragen hoch,
Angst, schlechtes Gewissen - ach nein - warum ...
Nur das Gefühl, das untrügliche, dem Urtrieb
folgend,
sagt mir, was ich zu tun habe,
Mit jedem Herzschlag der Bari Rhani[1] lauschend.
Kon hum me?

Rein in die Bahnhofshalle schleichend,
sehe ich um mich teigige, gehetzte Fratzen, milchig.
Bin ich wie sie - einem von ihnen gleich?
Weiter schlurfe ich,
die Glut der letzten Kippe wärmt mein Gesicht -
ein Niemand in der rein- und rauswogenden Menge.
Kon hum me?

Kleine Kinderhand streckt sich mir entgegen,
braunes zartes Händchen, schmutzverkrustet,
steifgefroren,
zwei dunkle Augen -
darüber Schatten eines dunklen Haarbuschs.
Wie in einen Spiegel schauend, so blicken sie mich an,
wachsam und wissend. Was wissen sie mehr als ich?
Kon hum me?

»Wer du bist?« fragt dahinter die Alte.
»Zigeiner biste, verrückter und noch so en scheener,
stolz sollste druff sin, mea ham doch Menschi, Romea.[2]«
Dankbar niederknieend küsse ich ihre rauhe braune Hand.
Endlich weiß ich wieder, wer ich bin -
Zigeiner bin ich - Zinto hum me, ladschu baro debel[3].

1 große Göttin oder große Königin
2 Herr, Mann
3 Zigeuner bin ich, guter großer Gott (Anm. d. Autors)

STEVA STOJKO

Ich erwache

Ich erwache
Aus dem tiefen Schlaf
Meines Lebens

Ich erhebe mich und flüchte
Vor den unsichtbaren Fesseln
Der Romagesetze ...

Ich erwache,
Suche den Atem der Freiheit
Meiner verwunschenen Seele
Die vergrabenen Sterne ...

Aus dem Romanes von Goranka Jarić Vogl

Das Leben und ich

Als ich geboren wurde,
Habe ich mein Leben gefunden,
Tag für Tag, Nacht für Nacht, Jahr für Jahr,
Habe ich mein Leben gelebt auf dieser Welt.
Das Leben hat mich geführt
In den Wald, auf den Stein, auf die Wiese,
Ins Gebirge, an den Fluß, und in das Wasser.
Es hat mich gelehrt, was gut ist, und was nicht gut ist,
Das Leben sagte mir wie ich zu leben habe ...

Eines Tages, als ich erwachsen wurde,
Habe ich angefangen
Mich mit meinem Leben zu streiten,
Ich habe angefangen es zu hassen, zu verfluchen,
Viel später hatte ich es wieder lieb,
Das Leben zeigte sich von der schöneren Seite,
Es zeigte mir die Wahrheit ...

Viel später hat es jedoch begonnen mich zu belügen,
Mich fortzunehmen, mich zu verstecken,
Es hat angefangen mir seine Unwahrheit zu zeigen,
Unglück zu bringen,
Ich habe mich mit meinem Leben geschlagen,
Es schlägt mich, ich schlage es,
Ich blute, aber das Leben blutet nicht,
Es ist nicht wie ich! Ich bin aus Fleisch,
Aus Knochen, in mir fließt Blut.
Und das Leben?

Viel später habe ich begonnen
Mit meinem Leben zu sprechen,
Ich habe es gefragt:
»Warum verfolgst du mich?

Warum trennen wir uns nicht eines Tages,
Du deinen Weg und ich meinen Weg?«
Das Leben spricht:
Dieser Tag wird kommen,
Dein Fleisch und deine Knochen werden altern,
Du wirst altern und sterben,
Erst dann werden wir uns trennen,
Du deinen Weg und ich meinen Weg!

Aus dem Romanes von Gordana Herold

ALADIN SEJDIĆ

Die rote Rose

Die rote Rose,
Sie ist wie ein goldener Vogel,
Sie ist mein Auge,
Sie ist mein Mund,
Sie ist mein Herz ...

Die rote Rose,
Sie ist mein ehrliches Wort,
Meine ehrliche Träne,
Sie ist wie eine Jungfrau,
Sie ist wie eine schöne Chajorri,
Sie ist wie ein schönes Zigeunerlied ...

Die rote Rose,
Die Erde ist ihre Mutter,
Der Regen ihr Vater,
Die Muttererde hat sie geboren,
Der Vaterregen hat sie großgezogen,
Die Sonne hat sie aufblühen lassen ...

Die rote Rose,
Der Gadzo Junge ist ihr Bruder,
Das Gadzo Mädchen ihre Schwester,
Aber der Rom,
Der ist ihr Freund ...

Die rote Rose ist
All das, was ich möchte ...

Aus dem Romanes von Gordana Herold

Gespräch mit Gott

Mein Gott, du wirkst nicht mehr als Schöpfer!
Das Wasser wird alt, das Feuer bleibt ohne Reiz.
Die Kruste der Erde erneuert sich nicht.
Immer mehr Früchte sind ohne Samen.
Zwar lebt der Mensch, doch ihm bleibt keine Zeit.
Mein Gott, du wirkst nicht mehr als Schöpfer!
Den Apfel haben die Würmer gehöhlt.
Der Vogel kann sich nicht hoch erheben.
Das Kind streckt dem Wind nicht die Arme entgegen.
Immer mehr Tote gibt es, die leben.
Grau ist zur häufigsten Farbe geworden.
Mein Gott, du wirkst nicht mehr als Schöpfer!
Die Föhre in meinem Garten bleibt stumm.
Mir kleben beim Beten die Lippen zusammen.
Mein Gott, etwas Schreckliches geht hier vor!
Das Licht wird fahl und grau geboren.

Schaffe, mein Gott, eine Welt, die lebt
und den Tau auf dem Blatt zu bewundern versteht.
Lass den Menschen mit Feuer im Herzen schlafen.
Streiche die Zeit durch einen Kamm
und befruchte den Samen mit Engelsträumen.
Lege das Warten ab.
Erschaffe dich selber neu, mein Gott!

Aus dem Serbischen von Rajko Djurić

Geboren in Auschwitz, gestorben in Auschwitz

Rebstock, Else, geb. am 01. Januar 1943 um 00 h 03,
getötet am 01. Januar 1943 um 03 h 11.

Weiss, Herbert, geb. am 12. Februar 1943 um 05 h 11,
getötet am 12. Februar 1943 um 10 h 23.

Straus, Joseph, geb. am 03. März 1943 um 07 h 15,
getötet am 03. März 1943 um 12 h 00.

Gross, Anton, geb. am 05. April 1943 um 09 h 25,
getötet am 05. April 1943 um 14 h 14.

Kosak, Helena, geb. am 02. Juni 1943 um 11 h 11,
getötet am 02. Juni 1943 um 17 h 34.

Horvath, Julius, geb. am 10. Juli 1943 um 14 h 25,
getötet am 10. Juli 1943 um 19 h 04.

Krause, Friedrich, geb. am 28. August 1943 um 15 h 16,
getötet am 28. August 1943 um 21 h 27.

Schubert, Theresa, geb. am 15. September 1943 um 19 h 08,
getötet am 15. September 1943 um 23 h 56.

Zelinek, Paula, geb. am 03. Oktober 1943 um 22 h 08,
getötet am 03. Oktober 1943 um 23 h 45.

Nachel, Lore, geb. am 01. November 1943 um 23 h 12,
getötet am 01. November 1943 um 23 h 36.

Blum, Marie, geb. am 04. Dezember 1943 um 19 h 37,
getötet am 04. Dezember 1943 um 24 h 00.

Aus dem Romanes von Marion Bergner und Wilfried Ihrig

Trauriger Stolz

Nun da der traurige Stolz dein Herz füllt
du malst einen Stern an meine Tür
Ohne Gewissen ohne Liebe ohne Seele mit Kälte und Hass
Was mich betrifft so mag ich dir verzeihen
doch vergeben ist zu schwer
scheint es dir auch lange her
aus dem Dunkel kriecht das Leid hervor

Du kannst den Sinn des Sterns nicht länger drehen
Dein Kreuz hat ein Kind mit Männchen übermalt
Die Dunkelheit wird uns die Sicht nicht nehmen
Nimm dich in Acht, denn deine Angst ist unser Mut

Nun da du glaubst du kannst alles sagen
wir sind wieder wer, sind wieder da
Wissen ist Schmerz ich will dich fragen
was du von Freiheit verstehst
Denn in der Wolken Gräber liegt das Leben
wie in unseren Herzen glaube mir
Ohne Gestern kann's kein Heute geben
du wärst nicht hier

Ich weiß du zitterst nicht mit fernen Beben
hast Augen und kannst doch nicht damit seh'n
Dem Schritt des Herzens kann kein Mensch entgehen
Erst viel zu spät wirst du versteh'n

Instrumental

Komm und begleite mich zu den Öfen
wir schau'n von dort auf deinen Stolz
Schwärzer als schwarz war'n jene Himmel
blind von Asche und die Luft roch nach Tod
Kein Gras kann über diese Gräber wachsen
keine Blume des Vergessens kann dort blüh'n
dein Hakenkreuz es ist mit Blut geschrieben
dein Stolz ist kühn wann wirst du versteh'n

Der Leib

Mein Leib ist ein Fahrzeug, das mich trägt,
wohin ich will -
mein Zeuge, mein Späher im Bett.
Was er alles von mir weiß und ich von ihm.
Ein Trojanisches Pferd voller
Faulpelze Anarchisten Melancholiker.
Ich gebe ihm Speise und Trank, spioniere durch der
Lider Schlüssellöcher.

Mein Leib ist ein lieber Bursche,
ich beweine seinen Verschleiß.
Verletze dich nicht, werde nicht alt,
schmerze nicht, stirb mir nicht,
verlaß mich nicht.
Du mein Leib heirate mich.

Aus dem Serbokroatischen von Astrid Philippsen

Othello

Immer derselbe Tag
Immer dieselbe Stadt
Dasselbe Bett
Dieselbe Zeit
Dieselben Fragen
Bist du denn tot, Othello
Der Vorhang ist gefallen
Dein Koffer gepackt
Wohin schon wieder
Schwarzer Othello
Dorthin, wo derselbe Tag
Dorthin, wo dieselbe Nacht
Schlaflos und matt
Wo müde Vorstellungen
Sich aneinanderreihen
Und wieder dieselbe Tür
Abends schließt du sie zu
Morgens löschst du das Licht
Vergisst du den Kuss
Vor dir nur Dunkelheit
Einsam stehst du auf
Keiner sagt etwas
Keiner fragt etwas
Zurückgeblieben
Wie der letzte Narr
Fragst du dich
Lohnt sich dies für etwas Neues
Nein mein Freund
Das Neue ist das Alte
Und du bleibst du
Müde der Blicke
Der klatschenden Hände
Der langen Nächte und kurzen Träume
Einsam auch die leere Flasche

Und du fragst dich
Wer sie ist
Aus welchem Stück sie kommt
Und so immer weiter
Und eines Tages
Bist du allein

Aus dem Romanes von Mirjana und Klaus Wittmann

JOVAN NIKOLIĆ

Zimmer und Rad

Hab ich dir gesagt, dass deinem Zimmer die Räder fehlen?

Während im Gespräch die Gespenster entschweben
und die Körper in Schüben erbeben,
während uns im Nabel
der Schlaf einholt,
reitet das Zimmerchen bis ans Ende der Nacht.

Denk dir die Dämmerung
im Mittelpunkt
des Unwahrscheinlichen:

Die Erde umrundend
kehren wir zurück,
woher wir gekommen.

Aus dem Serbischen von Bärbel Schulte

DOTSCHY REINHARDT

Chaplins Geheimnis

Mitunter frage ich mich selbst
warum ich mich verstecke
vor der Wahrheit
meine ethnische Herkunft leugne
und dann höre ich mich sagen
es ist einfacher für mich so zu verfahren
mein Geheimnis sehr tief in mir zu verstecken
tief in mir
tagtäglich

Deine Gedanken sind ohne Vorbehalte,
deine Liebe ist schlicht rein
ich wünschte ich könnte sein wie du
gelobt sind diejenigen
die immer noch glauben
es gäbe Menschenrechte für Alle
du ermutigst mich damit aufzuhören mich weiterhin
zu verstecken
weiterhin, mein Geheimnis sehr tief in meinem Innern
zu bewahren
tief in mir
tagtäglich

Aber es gibt viel mehr als nur schwarz und weiß
nun sehe ich endlich sie sind nicht im Recht
und nur kulturelle Vielfalt die Wahrheit offenbart
und Liebe alle Mauern des Hasses einstürzen lässt
ich werde nicht mehr verleugnen mich, nicht mehr
Und ich werde mein Geheimnis nicht mehr verbergen in mir
niemals mehr
nie mehr, nie

Aus dem Englischen von Ulrich Janetzki

So still wie dein Herz

Darum ist immer Nacht an mir
Das Leid dass deine Seele brach findet seinen Weg zu mir
Wie kann es noch Morgen werden
Die Welt soll nicht mehr atmen
Still soll alles steh'n - still - so still wie dein Herz

Darum ist immer Nacht an mir
Die Schmerzensbilder deiner Jugend
Sind nicht tot im Jetzt und hier
Ich trage ihre schwarzen Himmel weiter mit mir fort
Still soll alles steh'n - still - so still wie der Tod

Dort wo die Zeit nicht heilen kann
stirbt ein Paradies
Ein Menschenleben lang reicht nicht aus
Die Erde dreht sich mit all dem vergossenen Blut
Sie dreht sich weiter
Sag mir warum sie das tut

Darum ist immer Nacht an mir
Die Sonne macht keinen Unterschied
Bescheint das Grauen wie das Glück
Wie kann es noch Morgen werden
Die Welt soll nicht mehr atmen
Still soll sie steh'n - still - so still wie der Tod

Instrumental Solo

Darum ist immer Nacht an uns
Die Wunden die nicht heilen können
Die kein Mensch verbinden kann
Dunkeln uns're Kinderherzen
Halten uns in Bann
Still soll alles steh'n - still - so still wie dein Herz

Als ich ein Kind war

Als ich ein Kind war,
sah ich die Steine als Blumen,
bunt waren die Tränen der Hoffnung.

Rot und blau und gelb
blühten sie lächelnd im Beete der Kindheit.

Um meine Schultern den Mantel der Farben,
weiss ich heute, dass es ein Traum war,
ein Traum, der mich zum Leben zwang.

Trunken von Leben steh ich heute farblos
und halte Ausschau
nach dem wirklichen Sein.

Mein taubes Lächeln
zeigt nur in steinige Gärten,
ich sehe den Schein zu vieler Narben.

Gott und der Jenische

Ich bin ein Mensch,
ein Jenischer.
Gott hat auch mich geschaffen –
mit Liebe.

Warum zwingt ihr mich –
nur, weil ich anders bin –
mich zu verleugnen?

Oh Gott, ich habe Angst,
so muss auch ich dich verleugnen.
Warum lässt du das zu?

Aus dem Jenischen von Günter Danzer

Sweet Bitter Love und die Lämmer von Kuče[1]

Am Tag, an dem ich geboren wurde,
kannte keiner in Kuče einen Takt
des Souls, den Aretha Franklin sang,
hätte nicht Vater mit wirrem Fuß
ausgelassen den Rhythmus ergriffen,
bis seine Milz an den hungrigen Magen schlug,
und er mit den Lidern den Schweiß,
der ihm von der faltigen Stirne rann,
aus seinen verrauchten Augen wischte.

Und ich glitt aus seiner Frau heraus,
während die Lämmer in der Ecke des Stalls,
in dem ich zur Welt kam, sich scheu verbargen,
den blutbeschmierten Sprössling erwartend.
Und meine Großmutter streckte die Arme
zum morschen First empor und schrie,
und flehte zu Gott,
gepudert mit Löschkalk wie eine Geisha.
Der Gestank von Mist erwartete mich,
ich wusste, ich bin zu den Menschen gelangt.

Während Großmutters Finger aus meiner Mutter
mein Köpfchen an das Tageslicht zogen,
betastete ihre Hand meine Stirn,
nach meinem künftigen Schicksal forschend.
Jetzt weiß ich, dass die Lämmer getäuscht worden sind,
wie auch mein Vater:
statt mit dem Hammer zu schlagen,
hämmere ich nun auf meine PC-Tastatur.

Die Geisha ist längst verstummt,
nur Aretha singt weiterhin, obgleich schon halb tot,
und wenn ich ihr lausche
weiß ich nur durch die ausgefallenen Zähne
dass ich mit meinen Lämmern aus Kuče
und meinem Kopf, geformt von der Großmutter Fingern,
auch allmählich alt werde.

1 Geburtsort des Autors in Montenegro (Anm. d. Übers.).
Aus dem Romanes von Melitta Depner

Zwischen den Welten

Zwischen den Welten
teilt es sich
ist weder Ich noch Ich
Benenne Es - noch das Unerträglichste
Die nirgends hingehören vereinen sich
mit Ich

Innen ist außen
Wissen - Schmerz
Nimm nicht wunder noch angst
nenne dich
Spring
damit du nicht gestoßen wirst
Es - wandelt sich
und mich

Im Wald
dieser große Baum
den ich so sehr liebe
er trägt sein grünes Kleid

die Äste
die Blätter
bewegen sich

wie Ballettänzer
in jede Richtung

weich
und zart
und schön
sieht es aus

Wie die Wolken laufen

Wie die Wolken laufen
Wie die Baumspitzen sprechen

Starker Wind draußen

Heute hast Du ein großes Herz
Heute bin ich sentimental

Wie die Wolken laufen
Wie die Baumspitzen sprechen

Starker Wind draußen

Heute ist die Seele weit
Heute die Sehnsucht stark

Du fährst morgen
Du fehlst

Meine Stimme wird weich

RENALDI FRANZ

Sonne

Wenn zehntausend Sterne gleichzeitig strahlen
kann es nicht den Glanz bedeuten,
der in deinen Augen liegt

Und wenn fünf Sonnen gleichzeitig strahlen
kann es nicht den Glanz übertreffen,
der aus deinen Augen bricht

Nichts kann das Licht des Sonnenrades übertreffen,
außer dem Strahlen deines Herzens
deiner Augen und Seele

Epitaph

Wer hat
so heftig gebetet,
diese Welt zu erblicken,

dass ihm
der wohltätige Gott

meine Augen gab?

Aus dem Serbischen von Jovan Nikolić

Selbstporträt

Abdruck
meines Lebens,
Kontur meiner Erscheinung.
Mit zittriger Hand verfertigte,
ungerahmte Zeichnung.
Verdunkelter
fahler Glanz des Himmels,
täuschendes Kolorit!

In der Mitte das flackernde Chakra,
die zitternde Aura des Leidenden.

Irgendwo schmilzt die Hand,
erschafft ein kraftloses Gesicht,
hängt über meine Knochen
schmückende Wangen,
umgibt die kahlen Ränder ...

Magischer Ort,
Ahnung
von künstlerischer Naivität
und Vertuschung des Hintergrunds.

Erschrockenes Geschöpf,
Mensch
im unbewussten Zustand ...

Aus dem Romanes von Melitta Depner

ÖSTERREICH

Schütze & Schützinnen

der hut
am kopf
schützt
den stutzen
am rücken
damit
dem schützen
der schnee
von gestern
nicht
in den lauf
der
häutigen dinge
fällt

eingeschnürt
zeigen sie
mütterteile an -
lächeln -
im verordneten
gleichschritt
der letzten
toten -
während
fanfaren
fahnen
&
trompeten
sich
bereits
nach
mor(d)gen
sehnen

23.12.90

Bündel

Stets im Bündel gebunden,
deine Habseligkeiten, Fremder,
die Knoten des Bündels festgezogen,
den Stab durch die Knoten geschoben.

Jetzt wartest du
auf die Gnade der Behörde,
je nachdem hebt
oder senkt sich
deine Hand
mit dem Bündel.

Und suche dich ja nicht,
hier zu entfalten,
Fremder,
du bist kein Mensch,
kein Bürger
des Landes.

Du selbst bist nicht mehr
als ein lange hier lebendes Bündel,
das sich nicht öffnen
und
nicht entfalten darf.

Aus dem Romanes von Ilija Jovanović und Mozes F. Heinschink

Jenische Reminiszenzen

Der Vater arbeitet nichts
und kriegt er Geld,
versäuft er jeden Schilling.
Den 5 Kindern treibt es oft
die Augen heraus vor Hunger.
Die Mutter geht betteln,
daß die Kinder zu essen kriegen.
Die Leute im Dorf reden
nicht gut von uns.
Heute hat Vater 2 Körbchen geflochten,
und die Mutter ging sie verkaufen.
Einen Bauer hat sie gefragt,
der hat sich die Körbchen angeschaut
und – in Ordnung – gesagt.
Beide hat er abgekauft und dafür
ein Kilo Butter, einen Rucksack
voll Kartoffeln und ein paar
Äpfel gegeben.
Und weil ihr der Hunger
aus den Augen geschaut hat,
hat sie noch eine Schale Kaffee,
einen Speck und ein Brot bekommen.
Unser Vater war ein Teufel.
War er besoffen, hat er im
Gasthaus gerauft, und daheim
Frau und Kinder geschlagen,
bis die Gendarmen gekommen sind.
Oft hat ihn das Gericht zur
Strafe ins Gefängnis gesteckt.
Auf Schulden hat er vom Wirt
den Schnaps und das Bier geholt,
dann sind wir gegangen
und haben uns versteckt.
Für meine Erstkommunion
hab ich vom Pfarrer einen Anzug

bekommen und neue Schuhe,
weil ich am Sonntag immer
mit einem dreckigen Hemd und
einer dreckigen Hose,
die am Hintern kaputt war,
in die Kirche gekommen bin.
Aus uns Kindern sind schöne
Burschen und Mädchen geworden.
Der Vater ist im Irrenhaus
gestorben, und die Mutter im Bett
eingeschlafen und zu Gott gegangen.
Jenisch wird nirgends mehr geredet.
Reminiszenzen bleiben.

Aus dem Jenischen von Romedius Mungenast

Ich
Ceija
sage
Auschwitz lebt
und atmet
noch heute in mir
ich spüre noch heute
das Leid
Jeder Grashalm jede Blume dort
ist die Seele eines Toten
Ich habe gesehen
alles ist wieder da
Überall spürt man
dass die Seelen
mit einem mitgehen
Es ist unbegreiflich
dass es Menschen gab
die solch eine Stätte
des Grauens
errichten konnten
Auschwitz war viel schlimmer
als die heutigen Kriege
Auschwitz und seine
gleich schlimmen Geschwister
wo sie auch alle sind und waren
Sie brachten mit ihren
menschenvernichtenden Gasfabriken
Asche Rauch Urnen
Brennen Asche
Asche in der Urne
Wer ist wirklich in der Dose
Ist es mein Vater

Aus dem Romanes von Ceija und Nuna Stojka

Viel Geld!

Teuer kommen uns die geistig Behinderten –
Dieses unwerte Leben.
Das gesunde Volk bezahlt dafür!
T 4 oder Gnadentod – nannten es die Mörder in Weiß.
Und nach dem Krieg haben alle wieder
Weitergearbeitet in den Krankenhäusern,
in den Psychiatrien ...
und haben einander den Ehrendoktor verliehen.

Aus dem Jenischen von Romedius Mungenast

Nichtsbesitzen behördlich verboten!

Betteln wird sofort mit 100 S Strafe geahndet!
Gut! Lassen wir uns das auf der Zunge zergehen.
Jene also sollen zahlen,
denen es am dreckigsten geht in unserer Gesellschaft.
Lass dich ja nicht erwischen dabei, dass du nichts hast
und auf Almosen angewiesen bist.
Ein streunender Hund bist du! - kein Mensch.
Herrgott! - wo bist du?
Ich geh auf die Straße zum Bettler,
versuche Schadensbegrenzung,
wo nach Ursache man nicht mehr fragen soll.

Aus dem Jenischen von Romedius Mungenast

Eine Schneeflocke

Eine Schneeflocke
fällt langsam in eine verwahrloste Ecke
Ich muss stehen bleiben
und dieser Flocke nachschauen
Es ist die erste Schneeflocke
in diesem Jahr 2000
die da fällt auf den Morast in der Ecke
im siebten Bezirk
Das erinnert mich an damals
als Kind mit meinen Geschwistern
Verwahrloste Ecken zwischen Arm und Reich
Solche Ecken gibt es überall in Wien
Mein Schneeflöckchen ist gelandet
Es pfeift der Wind
Ich muss gehen
zuhause ist es warm

Aus dem Romanes von Ceija und Nuna Stojka

Auschwitz, warst du die Hauptstadt der Welt?

Nachts, wenn dich die Dunkelheit umhüllt,
erheben wir uns aus den Gräbern.
Das Schicksal damals ließ uns nicht die Zeit
zum Wehklagen auf den Todesfeldern.

Umgeben warst du von brauner Macht,
hast Tausenden von uns den Tod gebracht.
Wir wollen keine Rache und klagen nur an,
was uns die Menschheit hat damals angetan.

Vergessen, das geht nicht,
dafür ist zuviel passiert.
Wir Tote, wir reden
als wären wir heute erst krepiert.

Wir erzählen von Nummern
in unseren Armen eingebrannt,
von Menschen ohne Namen
gestorben in diesem unbekannten Land.

Wir erzählen von Frauen und Kindern,
erschlagen und verbrannt.
Die Schornsteine sie rauchten
eine Ewigkeit lang.

Wir erzählen aber auch von den Teufeln in
Menschengestalt,
sie träumten von dir als Hauptstadt
im ewigen Dritten Reich.

Nachts, wenn die Stunde beginnt,
erhebt sich unsere Asche aus irgendeinem Feld
und stellt sich die Frage:
Auschwitz warst du die Hauptstadt
oder gar das Ende der Welt?

Eine Frage, keine Antwort,
doch wir geben keine Ruh,
denn dieses Kapitel der Geschichte
ist für uns niemals zu.

Ein ganzes Leben da gelebt

Das matte Licht aus dem kleinen Fenster
das vom Innenraum nach außen scheint
in der Finsternis
Es sagt nichts
der Schein ist fahl
so wie die Frau
die in ihrem Inneren verblich
Das Leben der einst Schönen
es kehrt nicht wieder
Das Alter zog an ihr
sie verblich hinter diesem Fenster
Was sucht sie
wenn sie sich schon so
ohne Augenglanz im Spiegel sieht
Hoffnung
Sie gibt nicht auf
sie sucht sie sucht
irgendwann kommt
glaubt sie das Glück
Sie kann es nicht fassen
Eckig grau ist ihr Gesicht
und so leer
Sie ist so wie sie ist jetzt
sie hat sich nicht geändert

Aus dem Romanes von Ceija und Nuna Stojka

Nachricht aus dem Jenseits

Redet, ihr verscharrten Knochen!
Aus Ravensbrück, aus Auschwitz
und Mauthausen!

Über Zwangsarbeit redet
und Zwangssterilisation.
Und von den schweren Steinen,
die ihr über die Todesstiege
tragen musstet.

Redet von Typhus, Cholera,
Tuberkulose,
vom ständigen Hunger
und von der eisigen Kälte.

Redet, ihr verscharrten Knochen,
auch davon, wie sie von lebendigen Leibern
die Haut abgezogen haben,
um damit ihre Schreibtische zu dekorieren.

Redet über die von Zyankali verkrampften
und ineinander verklemmten Leiber
und über die glühenden Öfen,
in denen ihr spurlos
verschwunden seid.

Und über die Kinder,
die an den Füssen gefasst
und an die Wand geschlagen wurden.
Bis sie tot waren.
Redet!

Aus dem Romanes von Ilija Jovanović

Eintauchen wollte ich

Eintauchen wollte ich
in die wundersame Sprache
der Lyrik.
Doch schon
auf dem Gang meiner Wohnung
standen, auf dem Kopf
und eng aneinandergeschmiegt,
meine aus dem Schlafzimmer
gerissenen Matratzen.
Eine graue Ahnung überfiel mich.
Es lagen doch in jener Ecke,
wo sie gewesen waren,
stotternde Botschaften meiner Seele,
aus meinem Blut herausgepresst
und dem des Kugelschreibers.
Ich öffnete die Tür zu meinem Zimmer.
Alles zittert in mir.
In meiner Ecke, dort, wo sonst
Ängste, Träume, Hoffnungen
sich umarmen und ineinander verschlingen
und wieder auseinandergehen,
stand jetzt eine riesige stumme Eckbank.
Unbrauchbare Kleidungsstücke überall,
Schubladen, Sessel ... ein Misthaufen
und mitten drinnen
Celans Atemwende,
beschriebene Papiere, zerbrochene
Kopfhörer und Kugelschreiber.
Wo um Gottes Willen
sind Bachmann, Eliot, Rilke, Puschkin,
Mariella Mehr, wo Jovan Nikolić ...?
»Wo sind sie?«
schrie ich außer mir.

»In einem Sackerl«, kam es von dort zurück,
wo unsere Küche ist.
Am liebsten hätte ich
etwas zerbrochen oder zerfetzt, aber
stattdessen fing ich an,
einen Berg von Billa-Sackerln zu durchwühlen,
bis ich auf die geschriebenen Sachen stieß.
Ich holte sie heraus, liebkoste sie
und schimpfte weiter vor mich hin,
weil mir das guttat.

Aus dem Romanes von Ilija Jovanović

Am Anfang

Am Anfang
»war«
das
Wort .... Jedoch
was
»wird«
am Ende ....
(Sein?)

WAS ich geworden bin

Was ich geworden
bin

ein
nicht ganz
dichtes
dichtendes
gegenmonster
in
einer
dichten
monsterwelt

auschwitz ist mein mantel

du hast angst vor der finsternis?
ich sage dir, wo der weg menschenleer ist,
brauchst du dich nicht zu fürchten.

ich habe keine angst.
meine angst ist in auschwitz geblieben
und in den lagern.

auschwitz ist mein mantel,
bergen-belsen mein kleid
und ravensbrück mein unterhemd.
wovor soll ich mich fürchten?

e kamesgi luludschi – die sonnenblume

die sonnenblume ist die blume des rom.
sie gibt nahrung, sie ist leben.
und die frauen schmücken sich mit ihr.
sie hat die farbe der sonne.
als kinder haben wir im frühling ihre zarten,
gelben blätter gegessen und im herbst ihre kerne.
sie war wichtig für den rom.
wichtiger als die rose,
weil die rose uns zum weinen bringt.
aber die sonnenblume bringt uns zum lachen.

mühle

heute
werktag
morgen
zahltag

rucksack

kalt
kommentiert
die kleine
bleib bloß nicht stehen
sie singen
deutsch
hier

hammer

weinende fische
im wasser
oder an hälsen
laufende läuse
im dorf
reden sie
beides gern
schön

versteckt

im spiegel der
dieb
der meinen
schlaf
stiehlt

Aus dem Jenischen von Simone Schönett

der pferdewagen in meinem herzen

für k&k und all jene die nicht wissen dass es nach der entknechtung in rumänien fünf agrarreformen gab und dass die zigeuner bei keiner berücksichtigt wurden

ich wartete in der reihe
bekam aber kein fleckchen boden
und bei jeder neuen verwirrung
schnitt ich ein stück himmel
samt vögel für mich aus
nagelte es mir an die herzrippen
und machte ihm so eine saubere plane
dann räderte ich einige tote
und meine sehnsucht nach boden kam zurück
ich wartete auf ein stück boden für eine blume oder
einen obstbaum
den ich gießen und der mir dafür seine frucht schenken würde
und wieder schnitt ich stücke aus dem himmel und legte sie
auf pferde
ich peitschte und lenkte die wolken
ich war unsichtbar und fremd wie ein gewässer
in dem sich der wald spiegelt
unter den himmelsgütern
nur weinen und tanzen war zu hören
ab und zu starb ich
dann und nur dann bekam ich ein stück boden
in dem die knochen weiß werden
draußen blieb eine hundeförmige wolke
um mich zu beweinen

Aus dem Rumänischen von Aranca Munteanu

brief aus dem konzentrationslager

meine geliebte
sei unbesorgt
es geht mir gut hier
es ist warm
uns fehlt es an nichts
es gibt nicht viel zu essen aber es schmeckt
die offiziere sind nett zu uns
sie verprügeln uns nicht
sie schimpfen nicht mit uns
manchmal bei der arbeit stolpern wir
wir fallen und niemand tritt uns mit stiefeln
in den rücken in die rippen in den mund
es ist gut hier
wenn du doch nicht so weit weg wärst
und wenn ich wüsste dass es dir gut geht
ich denke oft an unser wiedersehen
was würdest du sagen
wenn du siehst dass ich fast zum skelett geworden bin
nur die sehnsucht nach dir hat mich verwüstet
aber ich bin wieder auf den beinen
wenn ich deinen warmen körper spüre
der mich jeden abend umarmt
und deine sanfte stimme singt mir leise ins ohr
poeme von rilke

Aus dem Rumänischen von Aranca Munteanu

nichts wichtiges

heute bin ich in der u-bahn eingeschlafen
ich wollte eine leinwand besorgen
und ein paar farben genauer gesagt
weiß das fehlte und weil ich schon da war
besorgte ich noch ein chinagrün ein englisches rot und ein
veroneser grün
auf der rückfahrt wie gesagt schlief ich ein
ein herr dem meine ein mal ein meter leinwand auf den kopf
gefallen war
weckte mich auf ich entschuldigte mich
er lächelte freundlich
weiterhin unterirdisch ging ich zu murat dem türken
ich kaufte ein warmes brot
ich brach ein stück ab und aß es vor seinen augen
er zeigte seine weiß glänzenden zähne
unter dem buschigen schnurrbart ist wohl
dieser bäcker unbestimmten alters ein gütiger mensch
salamalekum alekumsalam
ich ging auf die straße hinaus kalte luft
hie und da eine schneeflocke
der wind bläst auf meine leinwand
ich bin ein segelboot im menschenmeer
und schaffe bis nach hause nur noch ein paar bissen brot

Aus dem Rumänischen von Aranca Munteanu

Im Lager der Reichenau

Zusammengetragen
die Zeiten
erloschene Spuren
ungelesene Zeichen
vergraben
tief im Gesicht
eine Sprache ohne Land
ist stumm geworden
das Warten
umsonst
an der Schattentür
von gestern
im Lager
der Reichenau

Wir sind verurteilt lebenslänglich

Wir sind verurteilt lebenslänglich
zu sein was wir nicht sein wollen.
Wie oft haben wir
es verleugnet gewürgt
und mit den Füßen zertreten.

Aber es hat nichts genützt.
Wir sind was wir sind.

Mittlerweile gefällt es mir ganz gut
lebenslänglich zu sein was ich nicht sein wollte
ein Unberührbarer der
zu den Unberührbaren gehört.

Die Lebenden trennen ihre Toten

Die Lebenden trennen ihre Toten
Die Österreicher haben ihren Friedhof
die Juden ihren
die Serben ihren
die Türken ihren.
Wo werden wir
Zigeuner verscharrt?

Aus dem Romanes von Ilija Jovanović

paunza

fia woos paunza guad saan? - dees waas i ned
kaunn da nua sogn woos i damit dääd
i hoob a idee und de iis a hit:
oob aufn negstn schrootplotz damit

sinnlos

hedadns daunn dedadns
waradns daunn dadadns
ollas hood a gschicht
aussa dees gedicht

geografie

scheibbs iis ned st. pöötn -
st. pöötn ned rovin -
rovin iis ned new delhi -
new delhi ned bealin -
bealin iis ned tschikago -
tschikago iis ned graz -
graz und untaschtinknbrunn iis sicha ned la paz -
la paz iis ned fucking -
fucking iis ned gugging -
gugging ned siena -
dees waa joo no vüü scheena -
soo iis ollas vaschiedn -
nua aans - und dees schteeht gschriem:
schtaahoof bleibt schtaahoof, und dees iis doo iin wien!

Wienerisch von Harri Stojka

und auch nach siebzig jahren noch

und auch nach siebzig jahren noch
schreien sie
in unser antlitz.

sie schreien die wände und die straßen an.
sie schreien gegen uns roma.
sie schreien gegen uns juden.
sie schreien gegen muslime.
sie schreien, als wollten sie uns noch einmal auslöschen.
sie schreien, als wären wir der grund für seuchen,
pest und cholera.
sie schreien, als wären wir der grund für krise, hunger und not.
sie schreien, als wären nicht schon millionen von uns tot.

und jetzt nach siebzig jahren
schreien sie wieder
in unser antlitz.

und meine ahnen würden sich im grab drehen,
wenn sie eins hätten
in auschwitz.

Menüplanung zweier Dichter

Das Blaue vom Himmel
zu den Sternen
ins Wasser und
Wolken als Schleierkraut
Die Sonne filettiert auf dem Teller
und den Mond dazu leicht kandiert
Regenbögen in Gläser einkochen
und mit
getrockneten Hagelkörnern servieren
Geräucherten Tau auftragen und
ein Stück vom gepökelten Niederschlag
Eine Scheibe gedörrtes Wetterleuchten
mit geraspeltem Nebel
und Reif auf den Tisch
Abend- und Morgenrot püriert
mit gehacktem Blitz kredenzen
Den Sommerwind halbgefroren
mit Donner als Stilleben vorlegen
Auftafeln
Bis zu den restlichen Schlucken vergorenen Schnees
Aufwarten

SCHWEIZ

Kleinstädtische 1. Maifeier

Zweihundert Pfund wiegt der protzige Herr,
Der sich so heftig erboste,
Als der verdammte Maifestzug
Schmetternd vorübertoste.

Schüchtern zuerst, von der Knechtschaft gebückt,
Kamen sie auf die Gasse,
Reckten sich bald ein wenig empor,
Angesteckt durch die Masse.

Nicht zum Vergnügen nahmen sie teil,
Nein, um einmal zu hoffen -
»Unsinn, es war das störrische Volk
Ohne Zweifel besoffen!«

Frei! Ach nur e i n e n Tag im Jahr -
»Arbeitsscheues Gelichter,
Das nur beständig saufen - möcht'«
Nennt uns der »feine Dichter«.

Zehnmal schon hat er sein Glas geleert
Mit einem grimmigen Fluche;
Und was er da sonst noch geschwafelt hat,
Steht nicht alles im Buche.

Tags darauf ist die ganze Schar
Wieder ins Joch gezogen -
Doch der Herr mit dem feisten Gesicht
Hat noch lange gelogen.

mauern stürzen

mauern stürzen
sterben
hohnlachend

noch kämpfe ich
im blauen gewand

ein gekreuzigtes
hirn zeichnet
fratzen und schlünde

am rücken der nacht
lehne ich müde
mit zornigen fäusten

Ich und du

Ich und du
Wir liegen auf Scherben
Ich und du
Beginnen zu sterben

Der Mond über uns
Scheint so kalt
Gib mir ein Messer
Ich schneid' ihn in Stücke

Dieses Land
Wird kälter und kälter
Gib mir ein Stein
Ich schlag' es in Stücke

Die Möndin

Die Möndin steht hell am Himmel,
sie schaut auf die Erde herab und leuchtet,
sie leuchtet, sie leuchtet, die ganze Nacht.
Für wen?
Für uns?
Nein, sie leuchtet, um sich zu zeigen,
um zu zeigen, dass sie auch noch da ist,
um zu zeigen: mein Licht könnt ihr, Menschen,
mir nicht rauben!

nachdenken über anni b.

spanienkämpferin
antifaschistin
feministin
kommunistin

angeklagte, gestehen sie ...

ich war
ich b i n nicht mehr

dank

vierundvierzig jahren sankt pirminsberg bis zur verblödung
geheilt geständig bis zur verblödung durch

elektroschocks
pillen
gehirnoperationen
insulinkuren

anni b. träumt immer noch vom kommunismus:
elektroschockserie hiess es noch vor rund 10 jahren
strafe muss sein
sagen die weissen götter
hämmern die strafe ins gedemütigte gehirn
der anni b.
strafe für
die feministin
die antifaschistin
die spanienkämpferin
die kommunistin

auf dem heiligen berg
sankt pirminsberg
frassen die weissen kannibalen
die seele der kämpferin anni b.
ein götterfest

und sie kauen weiter
an den letzten resten der anni b.

Vergangenheitsbewältigung oder Aufschrei eines Volkes

Mein Volk ist zerstört,
in Akten zerfetzt.
Die Körper zerschunden, gequält, vergewaltigt.
Die Seelen zerfranst, zertreten, ausgelaugt.
Überall Blut, Tränen, nie verheilende Wunden,
tiefe Narben, ohnmächtige Wut.
Aggressionen, Anklagen.
Ein einziger gequälter Aufschrei eines ganzen Volkes.
Vergangenheitsbewältigung.
Was heisst das schon?
Vergessen? Verzeihen?
Alles Leid, alle Demütigungen, einfach vergessen?
Verschollene, verschleppte, gequälte Kinder.
Einfach vergessen?
Verzweifelte Väter und Mütter, das endlose Suchen.
Einfach vergessen? Brüder, Schwestern, wo seid ihr?
Was haben wir denn getan?
Die herkömmliche Art zu leben in Frage gestellt.
Ist das alles?
Und jetzt sollen wir vergessen?
Warum?
Wollt ihr euer Gewissen beruhigen?
Schweigegeld? –
Unsere Trauer hat sich in Verzweiflung und Wut verwandelt.
Unser Volk ist zerstört,
in Akten zerfetzt.
Vergessen?
Vergangenheitsbewältigung.
Welch ein Hohn!
Naschet Jenische!

La mi los

Wenn I am morge wider bi mer bi
De seit mi chopf es isch verbi
De weiss I gnau es muess so si
Mir sötte nümme zäme si

Wenns morge wird de tuets nümm weh
We d'sunne schiint de chanis gseh
Üsi gschicht da gäb nümm viu meh
Aus öppe ne hampfle schnee
U sone hampfle schnee die tuet nid weh

Doch we d'sunne wider untergeit
U dä mond dert übmer steit
De täti aues das dä abegheit
De täti aues das es witergeit

Oh bitte lüt mer nümme a
Ha di scho fasch vergässe gha
Wenn I di so ghöre de fahts wider a
De möcht I di i mine arme ha

La mi los es wird mer zviu
Chum säg, was isch das für es spiu
Säg doch ändlech was isch dis ziu
Mit däm blinde boomerang giu

I chönt mer zmitz is gfrorne lache schlah
Nei so chas nümme witer gah
Oh bitte lue mi nid so a
Oh bitte chöntisch jitze gah
Chöntsch mi jitz alleini la

Was mer gisch das schudsch mer ni
U winnis büge u dräie, I gsehs nid i
Das öpis so lärs
Geng no so schwär cha si

Doch wes nacht wird dänk I wider dra
Wid mi hesch i dine warme arme gha
Und aues faht vo vore a
Säg, wo ni mi verlore ha, mi i dir verlore ha

E tüfu seit mer blib no chli
En ängu seit mer s'isch verbi
Möchtisch no einisch mit mer zäme si,
Weisch was, das bruch I ni

Berndeutsch von Stefan Eicher

FRANKREICH

SANDRA JAYAT

Nomaden verboten

»Nomaden verboten«
Warum nicht gleich
Den Mond verbieten

»Nomaden verboten«
Aber freundlich sind die Blätter
Der Bäume, sie heften
Am Stein, der das Leiden begrenzt
Drei Stunden öffnet
Die Natur ihre Türen
Drei Stunden nur
Schon färbt der Tag sich blauschwarz
Und alle Gesichter sind wie von Pappe
Riechen nach ranziger Fäulnis.
Nichts ist wahr an ihnen
Als das Unrecht.

»Nomaden verboten«
Aber der Regen nagt
An dieser falschen Eile
Das Wunschbild
Mit dem Goldpokal
Zeigt eine falsche Perle
Und der Rubin
Ging verloren am Fluss

Die Nomaden ziehen fort mit Orakeln
Sie werden wiederkehren mit Musik

Sie können keine Wurzeln schlagen
Die Zweige des Waldes
Auf meiner Schulter

Man kann sie nicht zermahlen
Die Pflastersteine, auf die Legenden
Einst ihre Füsse setzten

Niemals wird die Wüste
Ihre Stämme verleugnen

Das Gras wird niemals wachsen
Ohne das Wehen der stolzen
Ursprünglichen Winde
Durch Reisen unterwiesen
Und durch die Tradition

Die Nomaden fern vom Lügengeschrei
Erleuchten diesen Zufalls-Stern

Ihre Sprache gleicht
Dem Duft von Eisenkraut
Ihr Rhythmus heisst
Schwer gegen leicht

Warum glauben statt zu sehen

Die Kirmes ist uns wohlgesinnt
Die Schaukel hängt am Baum
Schwer ist das Unsichtbare
Und rasch verrecken die Worte

Aus dem Französischen von Christian Filips und Aurélie Maurin

Ich bin nicht auf der Welt um zu folgen

Sie sperren das reine Wasser ein
Im sich vermehrenden Plastik
Muss der Verstand das Scheitern sein
Oder das Putzmittel ihrer Gesetze
Vielleicht hat die Reinheit
Eine uralte Sprache
Man gönnt ihr deshalb die Nostalgie
Einer kraftlosen Epoche
Seht nur den Rauch
Ihr! Sicht-Vertauscher
Und wascht euch im Nebel
Der den modernen Gullys entweicht
Aber ich bin nicht auf der Welt um zu folgen

Sie stellen ins Plastik
Papierblumen Kunstblumen
Während der entfesselte Mensch
Aufs Recht des Natürlichen wartet
Vielleicht stirbt mitten im Schrei
Ein Traum wie ein Vogel
Ein Baum stürzt auf die Zeit
Und Gras quillt aus dem Stein
Maskiert euch also im Lärm
Ihr! Lebens-Verhinderer
Doch gebt euren Ideen das Gefühl
Der Hagebutte zurück
Aber ich bin nicht auf der Welt um zu folgen

Sie stellen Maschinen her
Maschinen zur Zeitherstellung
Um die restliche Zeit totzuschlagen
Es ist an der Zeit, die Zeit zu zähmen
Vielleicht wird die Maschine,
die Bomben- und Asphaltmaschine
Kinder herstellen können
Kinder um die Maschinen zu zähmen

Dann wird die Erde zerbrechlich
Durch euch! Frische-Verschlinger
Sie oxidiert in der Sonne
Die Erde stirbt für Geld
Aber ich bin nicht auf der Welt um zu folgen

Aus dem Französischen von Odile Kennel und Aurélie Maurin

Das Monster

Es hat keine Hörner
wie der Teufel,
aber teuflische Gedanken.
Es ist ein Mann,
ein Monster.

Es hat keinen Schwanz
wie der Teufel,
aber teuflische Einfälle.
Es ist ein Mann,
ein Monster.

Es hat keine Bocksfüsse
wie der Teufel,
aber teuflischen Geist.
Es ist ein Mann,
ein Monster.

Es tötet
zum Vergnügen,
findet Geschmack am Blut.
Es ist nicht der Teufel,
es ist ein Monster.

Es tötet
zum Vergnügen,
um seine Gelüste zu stillen.
Es ist nicht der Teufel,
es ist ein Monster.

Es tötet
aus Liebe, aus Freude
am Zerstören der Lebensfreude.
Es ist nicht der Teufel,
es ist ein Monster.

Die Sonne ist sein Feind,
denn sie erhellt die Welt
und das Leben.
Es hasst die Sonne,
das Monster.

Das Glück ist sein Feind,
denn es erhellt die Liebe
und das Leben.
Es hasst das Glück,
das Monster.

Es hat die Geduld
des Sterbenden, wenn es den
letzten Zug
des Entschlafenden erlauert,
das schreckliche Monster.

Es hat den Übermut
des Dämons,
wenn es den Menschen
zittern läßt,
das gemeine Monster.

Es hat die Grausamkeit
der Schlange,
wenn es der Menschheit
sein Gift einspritzt,
das listige Monster.

Der Teufel ist teuflisch.
Der Dämon ist dämonisch.
Das Monster ist monströs.

Aber wer ist denn,
wer ist dieser Mann?
Es ist kein Mann,
es ist ein Monster:
der Krieg.
Und das Monster
ist der Mensch, der ihn schafft.

Aus dem Französischen von Elisabeth Profos-Sulzer

Kleine Prosagedichte

was für ein wunderbares werk über die trottoirs und verschmutzten straßen zu gehen und eine auf der straße liegende tote blätterfamilie zu ergreifen. gott hat die einsamen auserwählt die straßen kehren.

heute nachmittag hat mir ein kleiner regenschauer seine jugend angeboten.

die nacht wartet ungeduldig daß die nomaden ihr feuer entzünden, denn auch sie liebt es am lagerfeuer zu wachen.

ich habe einen alten bettler gesehen der ganz allein redete. allein mit den kleinen spatzen die ihm antworteten.

der baum weiß nicht wie man schreibt. aber aus seiner sicht fordert er mich auf seine gedanken zu notieren.

meine verse haben die phrasierung zurückgewiesen,
sind wie bettler geworden.

ich habe dem himmel tausend fragen über das leiden und die ungerechtigkeit gestellt. einfache regenschauer waren seine antwort. und dies ließ mich verstehen.

Aus dem Französischen von Wilfried Ihrig

Zwischen der Welt und mir

Zwischen der Welt und mir
ist keine Versöhnung möglich.
Ich ziehe den Vogel vor
unbewegt über der Steilküste
der sich emporschwingt in die Leere.

Im Gras sitzend

Im Gras sitzend
meine Laute gegen meine Brust gedrängt,
bin ich weiter gekommen als die Heere
Alexanders und Cäsars.
Es braucht nicht viel
um glücklich zu sein.

Aus dem Französischen von Sidonia Bauer

Rechtschreibfehler

Ich bin kein Schriftsteller. Wäre ich einer, ich könnte nicht schreiben. Ich bin nicht mal getauft, kenne kaum die Heiligen Schriften, doch ich weiss, dass Gott existiert, denn er hat mich in meinem Elend gelehrt zu schreiben und hat mir jeden einzelnen meiner Rechtschreibfehler beigebracht. Mein Schreiben schreitet blind voran, von grosszügigen Gedanken gestützt. Das Papier will was von mir, will sich an meine Feder halten. Das Papier ist mein Obdach, ein Zelt in der menschlichen Wüste. Schriftsteller schreiben über die Schrecken der Nacht, ich aber gebe mich der Poesie hin, dieser Ausgegrenzten. Das weisse Papier liebt es, wenn ich es mit schönen Wörtern bedecke. Manchmal vergiesse ich in meiner Verzweiflung eine Träne aufs Papier: Dann tunken meine Gedanken ihren kleinen Finger hinein und zeichnen darauf ein Kreuz.

Aus dem Französischen von Odile Kennel

Nomaden

Wie seltsam ist das weisse Papier: leer vom Leben, dann kommen plötzlich Gedankennomaden vorbei und entzünden ein Feuer der Sätze. Sind sie Dichter? Ich weiss es nicht, das Papier jedenfalls ist glücklich über diesen unerwarteten Besuch, denn meist dient das weisse Papier nur der Übermittlung von traurig nützlichen Dingen. Ich bin stolz, dass auch meine Finger über das Papier huschen wie Kinder über ein Feld. Die Gedankennomaden schlagen ihr Zelt auf dem Papier auf, und das Papier wird zu einer Prinzessin, zu ihren Füssen werden einst die Grossen der Welt niederknien. Dann ist das Papier zu Gast beim Festmahl der Poesie, der Kleinigkeiten, die das Herz entzücken. Wir setzen uns alle an den Tisch der Sätze, unter einem schwarz-äugigen Himmel, eine einfache Kerze als Licht. Stimmt schon, diese Feste interessieren meinesgleichen nicht, aber das ist gut so, denn die Poesie ist nicht für mondäne Feste gekleidet. Manchmal weigert sich das Papier, ein Buch zu werden, sich dem profanen Leser darzubieten. Dann schläft es ein in den Armen der Ewigkeit.

Aus dem Französischen von Odile Kennel

ich habe die welt in zwei geteilt

ich habe die welt in zwei geteilt:
auf der einen seite was poetisch ist,
auf der andern seite was es nicht ist.
was poetisch ist existiert in meinen augen,
was nicht poetisch ist,
betrachte ich überhaupt nicht.

man müsste

man müsste
auf die papierschnipsel schreiben
die man auf dem boden findet,
dies zwänge zur beschränkung
auf das wesentliche

Aus dem Französischen von Wilfried Ihrig

JEAN-MARIE KERWICH

Ich bin das ewige Buch

Ich bin das ewige Buch, ein Buch ohne Verfasser. Ich schreibe mithilfe des Winds, der meine Seiten umblättert, mithilfe des Purpurbluts der Blätter der Bäume. Ich bin das Umherwandern, das allwissende, ewige Wandern. Im Grunde schreibe ich nicht, ich gehe spazieren, meine zwei Herzen in den Händen wie spirituelle Koffer. Die Länder sind so nah zusammengerückt, dass es schwieriger ist, über eine Pfütze zu springen als nach Indien zu reisen. Meine Gedanken sind Juden, die sich verstecken. Der Klang ihrer Geigen so rein, dass er die modernen Lärmbelästigungen erschreckt.

Aus dem Französischen von Odile Kennel

Kleine Prosagedichte

Ein buch schreiben damit es anteilnahme findet
ist wie eine flasche in das meer schleudern
denn es wird in einen ozean der bücher geworfen.

Der klang der stimme und die verwendeten wörter
sagen mehr über einen menschen
als was er zu sein behauptet.

Das schönste gedicht
hat keinen wert vor dem tod.

Die größte menschliche erfahrung
ist der tod, auch ich werde meinen erleben.

Man möchte denken der tod
wäre schön, denn er inspiriert
die größten dichter.

Wenn man ein erfülltes leben hatte
wird man nicht sagen können man hätte alles verstanden,
aber es gibt etwas das man sicher weiß:
das leben ist furchtbar.

Die schönsten gedanken
kennen die menschen nicht
denn sie kommen nur denen
die nicht reden.

Aus dem Französischen von Wilfried Ihrig

BELGIEN

Ich stamme aus der Zeit

Ich stamme aus der Zeit der alten endlosen Romane
der grossen Träumer, die an feierliche Pforten klopfen.
Das Herz quoll über, wenn man von dem Turm
das Land sich wiegen sah von Wald und Schwalben.

Es war'n die sel'gen Zeiten grosser zarter Schwächen
der Beichte Stühle voll von murmelndem Bekennen,
und selbst der Kummer war so schön, dass man sich sehnte
nicht mehr geliebt zu werden, um ihn zu erleiden.

Aus dem Französischen von Rudolf Dumont du Voitel

Traum I

Im Traum sang ich ein Liedchen.
Ich weiß nicht, welches es war.
Ich weiß nur,
dass der Vater die Geige spielte
und weinte.
Um drei Uhr stand ich auf,
öffnete das Fenster,
draußen ruft man mich:
Hörst du, wie den Roma
die Glocken läuten?
Angst überfiel mich,
die Glocken läuten
nur, wenn jemand stirbt!
Ich gehe durch die Wälder,
rufe die Mutter und die Brüder,
suche die Schwestern mit ihren Kindern,
kann sie nicht finden.
Nur die Glocken
höre ich im Traum,
langsam läuten
die Totenglocken der Roma.
Über die Häuser der Roma
ist ein schwarzes Tuch geworfen,
und ich kann nichts tun.

Aus dem Romanes von Ruben Pellar und Wilfried Ihrig

Traum II

Ich träumte,
dass die Sonne verschwand.
Im Traum suchte ich sie,
erzürnt war ich,
konnte sie nicht finden.
Ich kam in einen Blumengarten,
sah die Roma
gesund, glücklich,
tanzen, singen.
Ich stand
und sah sie an,
fand eine glückliche Sonne.
Ein Rom kam zu mir,
gab mir Wein zu trinken.
Glaubt mir oder glaubt mir nicht,
dass ich tief ihm in die Augen sah.
Er nahm mich an der Hand,
legte sich mit mir in das
Blumenbett.
Ich hörte,
die Roma hörten auf zu spielen.
Ich erschrak, was ist geschehen?
Ist die Sonne wieder verschwunden?
Ich zittre, ich zittre nur.
Hab keine Angst!
Die Roma sitzen am Feuer,
erzählen einander Märchen.

Aus dem Romanes von Ruben Pellar und Wilfried Ihrig

ITALIEN

Deportation

Blutroter Himmel
rot vom Blut der Zigeuner
die gebeugt und heimatlos
zerlumpt verhungert barfuß
in die Lager deportiert wurden
weil sie den Frieden
und die Freiheit liebten.

Der Krieg lastet
als ewige Schande
auf dem Herzen der Lebenden
wie der Toten.
Verdammter Krieg.

Aus dem Italienischen von Wolftraud de Concini

Sie haben die Violine der Zigeuner zertreten

Sie haben die Violine der Zigeuner zertreten.
Geblieben ist Zigeunerasche.
Feuer und Rauch
steigen zum Himmel auf.

Sie haben die Zigeuner fortgeschleppt,
haben die Kinder von den Müttern getrennt,
die Männer von den Frauen.
Sie haben die Zigeuner fortgeschleppt.

Jasenovac ist voller Zigeuner,
an Betonpfeiler gebunden,
schwere Ketten an den Händen und Füßen
knien sie im Schlamm.

In Jasenovac sind ihre Knochen geblieben,
Zeugen der Unmenschlichkeit.
Neue Morgen erhellen den Himmel,
und die Sonne wärmt wieder die Zigeuner.

Aus dem Italienischen von Wolftraud de Concini

Im Wein liegt die Wahrheit

Im Wein liegt die Wahrheit
und all meine Morgen
all meine Traurigkeit und mein Glück
meine Tränen, mein Reichtum,
meine Liebe, meine Gesundheit.

Ich bin allein auf der Welt,
ich habe keine Freunde,
nur mein Zelt ist mir geblieben,
meine zerbrochenen Geigen,
und der Morgenwind.

Meine nüchternen Zeiten habe ich vergessen
meine Vernunft nahm sich der Wein.
Auch im Augenblick des Todes werde ich betrunken sein.
Für andere ziemt sich das nicht
für mich aber schon.

Aus dem Romanes und dem Italienischen von Thomas Benedikter, Ramona Gruberi, Anna Unterkircher und Laura Bortolotti

Unschuld

Abend. Einsam wanderte ich
den Fluß entlang
und sah unter einem Baum,
unter dem fröhlichen Vogelgezwitscher
ein kleines Zelt.
Kinder umringten ein Feuer
und sangen und lachten.
Kein Schimmer von Bosheit verdunkelte
den Blick dieser Kinder.
Dieses Lied berauschte mein Herz
und ich dachte zurück
an meine Kindheit,
mit einem Schauern auf meiner Haut.

Aus dem Romanes und dem Italienischen von Thomas Benedikter,
Ramona Gruberi, Anna Unterkircher und Laura Bortolotti

SANTINO SPINELLI

Auschwitz

Eingefallenes Gesicht

erloschene Augen

kalte Lippen

Stille

ein zerrissenes Herz

ohne Atem

ohne Worte

keine Tränen.

Aus dem Romanes von Reinhold Lagrene

Kein Meer lag uns zu Füßen

Kein Meer lag uns zu Füßen,
im Gegenteil, wir sind ihm
mit knapper Not entgangen, als
uns – kein Unglück, sagt man, kommt allein –
der stählerne Himmel ans Herz fesselte.

Umsonst haben wir an den Schädelstätten
um unsere Mütter geweint,
und tote Kinder mit Mandelblüten bedeckt,
sie zu wärmen im Schlaf, dem langen.

In schwarzen Nächten sät man uns aus
um dann, in den Morgenstunden,
die Erde von uns Nachgeborenen leerzufegen.

Noch im Schlaf such' ich Dir Wildkraut und Minze;
Fall ab, Auge, sage ich zu Dir,
und daß Du nie in ihre Gesichter sehen sollst,
wenn ihre Hände zu Stein werden.

Darum das Wildkraut, die Minze.
Sie liegen Dir still auf der Stirn,
wenn die Mäher kommen.

Für alle Roma, Sinti und Jenischen,
für alle Jüdinnen und Juden,
für die Ermordeten von gestern und die von morgen.

Schwester Freundin Dirne

Wie ein nach Schönheit gieriger Maler
durchstreife ich alle Straßen
und in der Dämmerung
bleibe ich an den Winkeln der Welt stehen
und male dein Leben
Schwester
Freundin
Dirne
Dein starrer, leerer Blick
trägt die Morgenröte und den Sonnenuntergang in den Augen.
Im Gehen zeigst du die Schlaffheit deiner Füße
Im Gehen zeigst du einen von Trauer geschwollenen Busen
Falsche Gesten einer erfahrenen Frau
verstecken die Keuschheit eines Kindes
und decken einen an Melancholie fruchtbaren Schoß auf
Frau, Königin der Sünde
Kindfrau aus Schnee mit zerbrochenem Leben
Melancholische Tänzerin
Du spielst mit dem Wind
Du sprichst mit den Wolken
und berauschst dich an Bedauern
Dein geheimnisvoller Blick
bisweilen verträumt
bisweilen grausam
spiegelt einen Himmel voller Lügen wider
Frucht einer entstellten
schrecklichen
traurigen Wirklichkeit
Schwester
Freundin
Dirne

Was bedeutet es, ob du vom Himmel kommst
oder aus der Hölle
Du bist schön wie ein steinerner Traum
Du thronst wie eine unverstandene Sphinx
Du lachst und weinst, wenn über deinen Körper
verwirrte Knäuel aus Gedanken und Erinnerungen hergehen
die immer verletzen
Frau, nach Küssen gierige Königin
Kindfrau
Niemand wird deine Tränen küssen
Schwester
Freundin
Dirne

Aus dem Italienischen von Wolftraud de Concini

Von Scham zeugt

Von Scham zeugt
dein verschlossener Mund,
von der einen, unversehrten.
Sie stürzt mit Dir durch.

Kein Wort nimmt sie Dir.
Kein Wort spaltet sie auf,
damit ein jeder Teil für sich und Sekunden
leichter zu tragen wäre.

(Mutter, sieh, deine Tochter, zu Schanden
geritten vom Haß, dem halbgesichtigen,
in einer sich fortverwandelnden Nacht
voller Zahlenschrecknisse Ungezählter.)

Nacht füllt meinen Mund,
Nacht, von Worten entäußert,
Jahrhunderte schwer, in
der Waagschale Gottes zu Stein geworden
(Stein, der uns durchs Nadelöhr
in den Irrsinn treibt).

Celans Todesfuge im Unland noch immer.
Noch lodert die Flamme, hat,
vom letzten Atemzug unserer Ahnen
genährt, Deines- und meinesgleichen
längst im Visier.

Schwimmst Du mit der Scham
obenauf zu den Meeren der Tränen?
Schwimmst Du, oder vergehst, wenn sich Dir
– zu spät und gegenläufig wie alle Geschichte –
die Hand zur Faust schließen sollte?

Scham.
Dies eine verbliebene Wort vermischt sich für
immer ins unbehauste,
von tauben Klingen durchbohrte Fleisch.

Veijo, Bruder

Für Veijo Baltzar

Veijo, Bruder,
rauschend dein Fluss,
deine Landschaft,
die immerzu Sterben übt
im Erblühn.

Aus Sehnsuchtslabyrinthen
fliehen deine Augen ans Licht,
wollen ihren eigenen Landweg,
ehe das Nebelhorn tönt.

Veijo, Bruder,
in die Vergangenheit gewickelt
wie alle Heimatlosen,

die lange wanderten,
um ihre Wahrheit zu finden.

Trost wohnt hinter jedem Versuch,
heimzuholen, was in unsern Träumen
versunken.

In deinem Regenbogenlächeln
ist es Zuhause wie in meinem Zorn.

Woher du kommst, fragst du?
Lass uns ein Meer behausen
in der Erinnerung,
niemals zu Hause gewesen zu sein.

Woher du kommst?

Frag nicht mehr, denn
jeder verbotenen Frage
folgt der Fluch,
sich in ihr zu verlieren.

OLIMPIO CARI

Ich komme aus dem Orient

Ich komme aus dem Orient,
durchwandert habe ich Berge und Täler,
Ebenen und Wüsten,
herrliche Städte und armselige Dörfer.
Viele Pferde habe ich gelenkt,
Zelte gebaut und Wagen gezogen,
nicht stehen geblieben in tausend Jahren.

Ich komme aus dem Orient,
Armenisch sprach ich und ebenso Türkisch,
unterhielt den König von Persien
mit meinem Gesang
und sagte wahr.
In Anatolien habe ich Tiere dressiert,
auf dem Seil
habe ich in Rumänien getanzt,
habe die Leute unterhalten.

Ich komme aus dem Orient,
Kupfer und Silber wusste ich zu treiben,
machte Körbe und Blumen aus Holz,
Zithern und Flöten habe ich gefertigt.
Mit dem Klang meiner Geige
erweichte ich die Herzen,
das Misstrauen verschwand.

Ich komme aus dem Orient,
meine Mutter hatte schwarze Augen,
stolz und stark war mein Vater,
und Großmutter lehrte mich unsere Bräuche.
Meine Haut ist dunkel,
die Augen wie Kohle.
Nach tausend Jahren der Wanderschaft
sehe ich über die Wirklichkeit hinaus.

Aus dem Italienischen von Charlotte Strobele

Melologo

für die Opfer des Nazi-Hasses

Gegen das Vergessen

Bitterste Tränen
aus Roma Augenlidern
Quellen des Schmerzes
eines unschuldigen Herzens
misshandelte Gefühle
grausame Ereignisse
ungehörte Schreie
ersterbendes Schluchzen ...
abstossendes Grinsen
immerwährende Gefahr
weiterhin drohend

Aus dem Romanes von Santino Spinelli

Stürzt dein Gehirn

Stürzt dein Gehirn
ins Uferlose
in tiefster Not

der Zeit
ist bange um dich.

Du –
ein Zyklon
noch fern

den Zielen

ausprägende
Aschenblume
der Angst.

Schwarz blüht
der Mohn
auf Gräbern

verdingt
sich Gelächter,
wird Stein …

Emigration

Milder Tag
Sehr heiß
Die Vögel piepen auf dem Berg neben uns
Irgendwie konnte ich einschlafen
Aber es war, als ob jemand rief
Aufwachen, nicht schlafen
Auf einem Weg ohne Rückkehr
Ein Tag vorher
Eine Frau am Adriatischen Meer
Sie hat die Zeichen des Schicksals gelesen
Und sagte: *Auf einem Weg wirst du gehen*
Vorsichtig sein, du wirst
Mit der Polizei zu tun haben
Im Gefängnis wirst du landen
Nach einer Zeit wirst du frei
Wir haben es nicht geglaubt
Aber es war wahr
Genau wie die Frau es vorhersah
Mein Schicksal in ihren Karten
Unser Kaffee war in der Thermoskanne
Und wir tranken zusammen
Im Bus zum Adriatischen Ufer in Herceg Novi in Montenegro
Und wir redeten weiter als mir gesagt wurde
Steh auf, Agim, der Mann ist da, du musst los
Wir fuhren los, ich und meine Tochter Mejreme
Auf einem Weg ohne Rückkehr
Ohne Sicherheit der Fahrt
Über das Adriatische Meer von Bar nach Bari, Montenegro nach Italien
Ein Weg ohne Rückkehr, in unser Vaterland.
Verdammt sei die Emigration
Wir können nicht zurück zum Vaterland ...

Aus dem Albanischen von Bardha Wiese

SPANIEN

Der Faschismus

Der schwarze Vogel
sucht die Leute heim
in den Stunden des Schwankens,
und mit seinem Schnabel wie ein Bajonett
frißt er ihnen nach und nach
das Herz auf.

Der Kapitalismus

Altes schwankendes Gefüge!
Das blutüberströmte Räderwerk
deiner Verfassung
wird nicht zermahlen
die neue Generation.

Aus dem Spanischen

In der Stadt

Herzen, Gehirne
aus Motoren,
Sklaven des Kapitals;
Werte, die zu versehen sind
mit Dynamik,
die erlöst.

Auf See

Starker blauer Matrose,
Trinker der Seeluft,
unruhiger, immerwährender Rebell.
Froh wird die Sirene heulen,
wenn zerbrochen zu Boden fallen
deine Ketten.

Aus dem Spanischen

Gebet

Krank ist Carmen;
ich bitte für sie
den Christus vom Blut,
dass sie gesund wird,
dass sie lacht, dass sie singt,
auch wenn sie mich nicht ansieht,
auch wenn sie mich nicht anspricht,
auch wenn ich sterbe
unter grossen Schmerzen,
von ihr verachtet;
unter der Folter
ihrer grossen Augen.
Dass sie nicht krank bleibt,
Herr des Blutes;
dass sie immer lacht,
dass sie immer singt;
auch wenn sie mich nicht ansieht,
auch wenn sie mich nicht anspricht.

Aus dem Spanischen von Erich Hackl

Das Lachen der andern Welt

(Gitano-Philosophie)

Gemächliche Uhrzeitstunden.
Ich höre ihr fruchtbares Ticken,
unter schrecklichem Jenseits-
gelächter erbebt das Firmament.

Hunger, Elend,
alles ist gleich im erbarmungslosen Leben;
nur irdische Trümmer, sie verschlingen
ohne Ende tausend Fantasien.

In dem stumpfen Einerlei,
das unser hitziges Gemüt erduldet,
öffnet sich ins Unermessliche der Himmel;
und unten das Fegefeuer des Nichts.

Wenn ein Bedürftiger in Lumpen
auf die Menschheit trifft, die Ungerechte,
gibt sie ihm kein läppisches Almosen,
sie spottet über seinen Schmerz, beleidigt ihn.

Du wirst geboren, und über dein Gesicht
legt sich eine Maske, trübe, schmutzig ...
Abnehmen kannst du sie erst
an der Schwelle zur anderen Welt.

Denn das Leben
ist ein Fluss, der uns reinwäscht
von allen Sünden, die wir begingen,
lange bevor wir zum Menschen wurden.

Das ist die Strafe,
die der allmächtige Gott uns auferlegt,
bis wir im Gesicht die ehrliche
Liebkosung des Todes spüren.

Er ist der Einzige,
der uns unendliche Wonnen schenkt,
der die Kälte zerschlägt, das Elend,
das Leid, die Schlechtigkeit, die Habgier.

Und bis dahin
mag es fruchtbar weiterticken,
in einem irren Wirbel folgt ewiglich,
verletzend, Gelächter auf Gelächter,
ausgestoßen von den Seelen im Jenseits.

Aus dem Spanischen von Thomas Brovot

Die Gitanos

Durch die lybische Wüste her kamen sie,
geächtet, verfolgt und mit Schmerzen beladen,
die Rücken sandig, die Wunden voll Maden.
Gitanos aus dem Land, das durch ihre Liebe gedieh.

Im Glauben, den ihnen der Wind erst verlieh,
folgen sie der schwarzen Jungfrau auf ihren Pfaden,
betreten endlich Sevilla durch Macarenas Arkaden.
Und neben Betis finden sie Heimat wie zuvor nie.

Stolz hütet Triana die neuen Gemeindemitglieder.
Der Prunk der Pharaonen läßt sich verschmerzen,
denn alle Schätze der Welt besitzen sie wieder,
nun, da sie auf ihren Blumenbalkonen scherzen.

Farnwedel aus Ägypten, nostalgische Lieder!
Wie rasch sie erlöschen in ihren Herzen!

Aus dem Spanischen von Erich Hackl

Gesang

Herein mit dir, Zweifel!

Finsternisse ich fürchte euch nicht.

Herein mit euch!

Denn die Türen meines Geistes
stehen
sperrangelweit offen.

Wo ist der Schatz
meines Denkens?

In der ungeheuren Leere
der himmlischen Räume.

Nichts hat mein Fühlen mehr
mit meinem Wissen zu tun.

Ich bringe Leidenschaft auf, um deine Seele
zu erforschen,
und Geduld, um in Ruhe
zu zweifeln.

Ich kann ohne Schmerz denken,
und ich zweifle immer,
behaupte nichts.
Da, die Liebe!

Und schon beeindruckt mich
das Neue nicht mehr.

Schon habe ich vor dem Alten
keine Ehrfurcht mehr.

Ich bin zurückhaltend beim Einordnen,
eine gute Voraussetzung für das Analysieren.

Denn ich,
ich bin nicht mehr ich,
und ich sinke
und steige
und komme
und gehe
in den Windungen des Irrealen.

Zufrieden, nackt,
ohne an den verlorenen Schatz
meines Denkens zu denken.

Im Himmel!

Die Hölle!

Mir egal.

Herein mit dir, Zweifel!

Finsternisse, ich fürchte euch nicht!

Kommt über die Windungen
des Irrealen.

Alle Türen meines Geistes
halte ich immer
sperrangelweit offen.

Aus dem Spanischen von Erich Hackl

Wenn mein Ausweis auch neu ist

geboren bin ich vor Jahrtausenden:

Als langsam im Trott des Viehs
der Horizont durchlässig wurde.

Als der Tod
Zeichen war von Gott dem Allmächtigen
und nicht Zeichen von Gott dem Ausrottenden
(kann sein, daß Gott im Denken der Menschen
noch nicht vorhanden war).

Als die Kinder
mit dem Mond spielten
und alle sich mit ihm niederlegten.

Als es dasselbe war
ob zu sagen Ähre oder Federico.

Als das Meer und sein Gesang Honig war
für jedes feine Gehör jeden feinen Gaumen.

Als Odysseus und Sancho nicht existierten.

Als die Erde ein Stern war
und nicht eine Unterlage
von Bettlern von Toten
von ausgezehrten Müttern von schrecklichen Tieren
und nicht eine Unterlage sage ich
von Schwarzen von Gelben und von Weißen
und innerhalb der Weißen
Mauren Indios und Zigeunern nebst anderen.

Als die Dinge mehr Gott gehörten
und mehr allen.

Als ich geboren wurde vor Jahrtausenden schon
wenn mein Ausweis auch neu ist
war alles viel schöner
aber es dauerte
so kurz wie ein Blitz
oder vielleicht kürzer.

Aus dem Spanischen von Erich Hackl

Sicher hat er immer noch den Karren gelenkt

Heute habe ich einen Karren verpaßt, der vorbeifuhr.
Ich war drauf und dran, mich auf den Kutschbock zu schwingen.
Etwas Unbestimmtes, ein heißes
Ich-weiß-nicht-was in der Kehle,
eine momentane Unentschlossenheit hielt mich davon ab,
gerade in dem Augenblick,
in dem der Karren vorüberfuhr,
gezogen von einem Esel,
der ziemlich krank, aber im Rahmen des Möglichen fröhlich war;
hintennach lief ein junger Hund, den Schwanz steil aufgerichtet.

Sicher
hat ein Junge diese Karosse gelenkt.
Und ich wollte
aufspringen, aber etwas Unbestimmtes,
ein heißes Ich-weiß-nicht-was,
eine momentane Unentschlossenheit hielt mich zurück,
und heute morgen habe ich den falschen Zug genommen.
Deshalb fühle ich mich unbehaglich
in diesem Waggon ohne Frühstück,
als wäre ich ein Feigling,
dabei ist eindeutig erwiesen, daß ich keiner bin,
denn obwohl ich den Karren meines Lebens verpaßt habe,
war ich
drauf und dran, mich heute morgen auf seinen Kutschbock
zu schwingen,
was meinen Mut und meinen Stolz unter Beweis stellt, aber
etwas Unbestimmtes, ein heißes Ich-weiß-nicht-was
in der Kehle hat mich einen Augenblick lang zurückgehalten.
– Sie rissen mir Innereien und Eingeweide aus dem Leib,
um den sie zum Schein Bandagen wickelten –.

Ich war also eine Mumie meines Großvaters, der,
ein genauer Kenner des Horizonts, den er durchstoßen hat,
sicher immer noch den Karren gelenkt hat.

Aus dem Spanischen von Erich Hackl

Drogensüchtig nach dir

Von der Vorstadt in die Innenstadt gelangt er wie im Flug,
von der Innenstadt in die Vorstadt kehrt er, gedankenverloren,
zurück. Schnell ist er wieder im Zentrum,
er weiß nicht, worauf er wartet, und er leidet. Kauft
die Zeitungen, steigt zur U-Bahn hinab, klettert
auf den einsamen Baum in der Straße
und findet nichts. Sieht nichts. Nein, nichts.
Und macht weiter so, trinkt auf der Hin- und Rückfahrt,
setzt die Suche müde und ohne zu schlafen fort.
Nimmt Drogen - es war normal, in diesen Zeiten
high zu sein! -, und es gefällt ihm. Er kennt
den Gin seiner Angst besser
als ich, denn er ernährt ihn. Und wer bin ich schon?
Oder anders gesagt: Warum erzähle ich
die Geschichte eines anderen Menschen, obwohl er mein
Bruder ist?
Von der Vorstadt in die Innenstadt gelange ich wie im Flug,
von der Innenstadt in die Vorstadt kehre ich, gedankenverloren,
zurück. Ins Zentrum komme ich schnell,
ich weiß nicht, was mich erwartet, und ich leide. Kaufe
die Zeitungen, steige zur U-Bahn hinunter, klettere
auf den einsamen Baum in der Straße
und finde nichts. Sehe nicht, nichts
riecht nach dir, nach deiner abwesenden Art. Nein.
Jahre vergingen, und der Freund, Opfer
einer Überdosis, ist tot in die Erde eingegangen.
Nicht alle Geschichten sind heldenhaft.
Ich gehe, ich komme, ich suche dich noch,
warte in der Stadt, die blau ist und feig.

Aus dem Spanischen von Erich Hackl

AGUSTIN RIVERO TORRES

Orangen und Zitronen

Eines Tages, als ich ein Junge war,
schickte man mich um Orangen.
In den Laden trat ein Mädchen
wie eine verschreckte Taube,
mit zwei Zitronen, die zitterten
und im Nichts flatterten,
wie um sich von dem Tuch
zu befreien, das sie einsperrte.

Das Mädchen war
eine unbefleckte Frucht.
Die Zitronen des Mädchens
waren zwei wilde Jungstiere,
die gradheraus die Augen
in meinem Gesicht aufspiessten.

Ich zitterte, ohne zu wissen, warum,
zitterte, ohne irgend etwas zu wissen.
Mir schwand die Erinnerung
und die Ordnung der Wörter
und so kaufte der Junge Zitronen
anstelle von Orangen.

Aus dem Spanischen von Erich Hackl

Stille

Die klingende Schönheit
eines Wortes liegt nicht
in dem Klang, den die Stimme
artikulierend hervorbringt,
sondern in der Stille, die es birgt.

Die Stille ist der Saft,
der das Wort nährt
und reifen lässt, die Stimme
ist nur der Wind, mit dem es fällt.

Die Stille ist der radikalste
Ausdruck der Poesie.
Deshalb ist es so schwer,
mehr als nichts zu sagen.

Aus dem Spanischen von Thomas Brovot

Unsonett der dunklen Nacht

Heut nacht, Herr, da der Schmerz mir die Seele peitscht,
fühle ich, daß meine Haut in Fetzen abzugehen beginnt
und meine Gallenfäden zähe Trauerschleifen sind,
die ich in der Farbe der Hoffnung bemale.

Nein. Ich will nicht hinnehmen, daß das Leben noch
im Ursprung endet. Ich verweigere mich seiner Trauer.
Soll keiner von mir – bei diesem Unrecht – Mäßigung verlangen:
Es gibt kein Wort, das diese Qual lindern könnte.

Der Mensch ist weder ein feuchtes Holzscheit
noch ein Licht aus geformtem Lehm;
der Mensch ist wider die Natur der Pinie,
die ihn am Ende, auf Erden, begleitet.

Was heißt, wir werden in Asche uns verwandeln?
Sind wir denn Geschwister der Glut?
Geboren sind wir unter Deinen Händen, Herr, aus dem
ehrsam reinen Willen, Fleisch von Dir zu sein, von Dir geliebt.

Dulde also nicht den verstümmelten Leib
– der Schmerz ist des Lebens nicht würdig –
dulde nicht, daß geleert werde, was Du gefüllt hast
und verschweige nicht das vergossene Blut; leben ist nicht
sterben voll Wunden.

Aus dem Spanischen von Erich Hackl

ENGLAND

Die Schlacht am Noodledom[1] Platz

Ein Bulldozer brennt
In Brand gesetzt durch einen Molotov-Cocktail
Geworfen von einem irischen Traveller.
Die Polizeipferde wiehern vor Angst
Als sie versuchen zu fliehen
Vor dem Hagel katapultierter Steine
Abgefeuert von jungen Romani-Boys
Und dem Sperrfeuer aus verrottetem Gemüse
Geworfen von Romani- und Traveller-Frauen.
Die Romanichels[2] und die Traveller
Halten hier die letzte Stellung
Sie sind von den kleineren Lagerplätzen gekommen
Nachdem sie durch die Gangster des Stadtrats vertrieben wurden
Um durch die Anzahl stärker zu werden
Hier auf dem Noodledom Platz.

Die Wohnwagen werden in einen großen Kreis gezogen
Wie die Siedlerwagen in einem Western-Film
Und die Polizei galoppiert um sie herum wie Filmindianer
Versucht in den Kreis einzudringen
Während Wasser aus unseren Schlauchleitungen
Die Erde um den Lagerplatz
In einen tückischen, rutschigen Schlammsee verwandelt hat.
Was mache ich hier in dieser Schlacht?
Auf einem englischen Platz in Surrey?
Während ich auf dem Mount Royal bummeln könnte?
An diesem sonnigen Sonntagnachmittag?
Oder ein kühles Bier im Bistro schlürfen?
Auf der Mountain Street in Montreal?

1 Noodledom ist ein englischer Begriff für bürokratische Fehler oder Dummheit. (Anm. d. Autors) Die Verwendung von noodle (Nudel, Trottel) mit der Endung -dom (wie Kingdom) ist nicht adäquat übersetzbar (Anm. d. Übers.)
2 Die britischen Roma (Anm. d. Autors)

Die Verhandlungen wurden abgebrochen
Die Briefe sind alle geschrieben
Die Presseerklärungen sind alle raus
Alles was uns jetzt geblieben ist
Ist die Faust, der Knüppel und der Stiefel.
Die berittenen Hilfspolizisten greifen an
»Fertig, Kumpels, hier kommen die Affen wieder,
An die Katapulte, Jungs, gebt es den Schuften!«
Der Lagerplatz-Leiter brüllt seine Kommandos
Steine fliegen, gezielt auf die Fesselgelenke der Pferde,
Wallache stürzen, werfen Konstabler in den Schmutz
Während die, die den Kreis erreichen, mit einem
Überraschungsangriff
Mit Rohrstöcken, Fäusten, Flaschen, Schlagriemen und
Knüppeln empfangen werden.

Die irischen Traveller lieben einen guten barnie[1]
Die Romanichels versuchen Gewalt zu vermeiden
Aber heute haben sie keine andere Wahl
Als ihren Part in diesem sinnlosen Spiel zu spielen.
Ich bin auch gegen Gewalt aber nicht heute
Dies ist das Volk meiner Mutter
Das hier seit Jahrhunderten gelebt hat.
Es ist fast wie Batoche, Isandlwana oder Omdurman,
Wo andere »Eingeborene« ihre letzte Stellung hielten.

Ein paar Reiter brechen in den Kreis
Gefolgt von den gedungenen Vertreibungsgangstern des
Stadtrats zu Fuß
Als die blaugrüne Flagge der Romani Nation
Über dem gewalttätigen Kampf darunter fliegt
Daneben die Flagge der Vereinten Nationen
Die das Recht auf ihre Lebensweise garantiert
Kultur, Sprache, ethnische Identität und Freiheit

1 Kampf (Irish Slang) (Anm. d. Autors)

Unter der UN-Charta der Menschenrechte
Für mein verzweifeltes Volk, dessen einziges Verbrechen
an diesem Tag ist
Daß es irgendwo lagern muß.

Die neue Stadtratsverordnung sagt »Nein!«
Sie müssen woanders hingehen
Das nationale Gesetz sagt, sie dürfen nicht umherreisen,
Sie müssen irgendwo haltmachen und lagern.
Die Regierung untersucht die Lage
Sie werden bald andere Empfehlungen haben
In der Zwischenzeit – wo, verdammt, sollen die Gefangenen
heute lagern?

»Nimm das, du verfluchter gyppo!«
Schreit ein bewaffneter Polizist, den Knüppel schwingend
Und einem älteren Romanichel auf den Kopf schlagend
»Du korrupter gavverbeng![1]« schreit sein Sohn
Als er den Konstabler mit einem Axtstiel fällt.
Ein Polizeihund jagt ein Romani-Kind
Jaulend und seine großen Zähne fletschend
Zerbirst er in einem Feuerball
Getroffen von einer Benzinbombe
Geworfen von der Mutter des Kindes.
Andere Bulldozer kommen näher
Ich sehe eine knapp danebengeworfene Feuerbombe
Der Fahrer springt heraus und läuft weg
Für fünf Pfund am Tag fährt er kein Selbstmordkommando.
Der Bulldozer steht unbeweglich
Gottseidank ist die Presse hier, um diese Vorführung
des Faschismus
Seitens des Stadtrats und seiner gedungenen Gangster
zu bezeugen

1 Städtischer Teufel, sesshafter Mensch. Aus Romani gav (Stadt) und beng (Teufel). (Anm. d. Autors)

Die versuchen, die Romanichels und die irischen Traveller
zu vertreiben
Im Namen von Recht und Ordnung
Und der geheiligten Verordnung Nummer 75.

Romanichels haben hier gelagert
Auf diesem alten Stück öffentliches Land
Seit sie sich erinnern können
Aber jetzt erklärt die neue Verordnung
Dass Lagern hier verboten ist
Weil es hier kein Scheisshaus und keine Wassertoilette gibt.
Die Landespolizei hat sich geweigert, sie zu vertreiben,
Es ist nicht Teil ihres Unionsvertrags
Deshalb hat der Stadtrat Hilfspolizisten angeheuert
Und eine Gang professioneller Lagerplatzräumer
Städtische Gangster, die jeden zusammenschlagen werden,
für ein paar Pfund.

Sie haben einen Wohnwagen auf seine Seite geworfen
Und er hat durch die Petroleumlampen Feuer gefangen
Aber es hindert den Vertreibungsspuk daran, über ihn zu klettern
Während die Flammen ein Familienheim zerstören
Mit seinem teuren Geschirr und Kinderspielzeug
Und allem persönlichen Besitz
Einschliesslich der Medaillen des Besitzers aus dem
Zweiten Weltkrieg.

Die berittenen Hilfspolizisten sind weggeritten
Sie haben für heute genug
Und die Romanichels und Travellers
Gehen zum Gegenangriff ausserhalb des Kreises über
Als der Vertreibungsspuk zurückkommt
Sie sind gewohnt, isolierte Familien zu terrorisieren
Oder ein paar Wohnwagen auf einem kleinen Platz
Jetzt stehen sie einer grossen Anzahl wütender Männer
gegenüber
Und sie ziehen sich zurück, besiegt.

Sie konnten nicht in den Kreis eindringen
Um die Wohnwagen vom Platz zu ziehen
Weil ihre Landrover nicht
Durch den Schlammsee um den Lagerplatz fahren konnten.

Jetzt möchten die Autoritäten Gesicht wahren
Der Gypsy-Rat hat angeboten
Mit dem Mann vom Innenministerium zu verhandeln,
Der aus London hinzugeeilt ist
Mit seiner glanzledernen Aktentasche
Weil die Dinge ausser Kontrolle geraten sind
Die Presse wurde eingeschaltet
Und im Parlament wurden Fragen gestellt.
Tausende Pfund wurden vergeudet
Männer, Frauen und Pferde wurden verletzt
Ein Roma-Kind mußte ins Krankenhaus
Und ein Bulldozer und ein Hund wurden verbrannt
Zusammen mit einem Familienwohnwagen.

Jetzt bieten sie einen alternativen Lagerplatz an
Etwas das sie zuallererst hätten machen können
Während sie fortfuhren die Lage zu untersuchen
Um eine Dauerlösung anzubieten
Die wahrscheinlich niemand gefallen wird
Ausser dem bürokratischen Anstand.
Die Schlacht am Noodledom Platz ist vorüber
Aber dieser sinnlose Kampf wird weitergehen
Weil es immer noch tausende Traveller gibt
Die keinen legalen Lagerplatz haben.

Aus dem Englischen von Wilfried Ihrig

Gelem, gelem

Internationale Hymne der Roma

Gegangen, gegangen bin ich weite Wege
und traf glückliche Roma

Refrain (nach jeder Strophe):
Aj Roma, aj Roma
Aj Leute, aj Leute

Woher kommt ihr, Roma
mit euren Zelten, hungrigen Kindern?

Wir waren so eine grosse Familie
doch wir trafen eine blutige Armee

Sie töteten die Männer, die Frauen
darunter auch unsere kleinen Kinder

Oh, Gott, öffne deine schwarze Tür
damit ich sehen kann, wo meine Lieben sind

Lasst mich wieder auf den langen Wegen wandern
lasst mich wieder mit glücklichen Roma wandern

Auf, Roma, nun ist es an der Zeit,
kommt mit uns, Roma, rund um die Welt

Ein schwarzes Gesicht und schwarze Augen
ich liebe sie, wie schwarze Trauben.

Aus dem Romanes

Der Gypsy und der Jude

Der Gypsy und der Israelit,
Gemeinsam wurden sie verbannt
Aus dem Land, das sie gekannt,
Ihr Charakter frech entweiht.

Denn sie wirkten beide mit
An jenem Streit, vor alter Zeit,
Als ein Mensch, der uns sehr lieb,
Geopfert ward, ihr wißt Bescheid.

Männer von Reichtum und von Macht
Verbannten sie aus ihrem Land.
Der Grund? Bis zu dieser Stund
Übersteigt's der Welt Verstand.

Seit jenem Tag in Bethlehem
Jeder die Erde zur Heimat nimmt,
Der Israelit und der Gypsy:
Beide zur Wanderschaft bestimmt.

Aus dem Englischen von Hans-Christian Oeser

Nur ein Gyppo: Rette, wenn sie dich brauchen!

Nun; du könntest meinen, ich machte Witze;
dass meine Worte auf die Wahrheit verzichten,
doch mit der Hand auf dem Herzen erzähl ich dir diese
Geschichte,
jetzt, da die Friedensglocken erklingen, sitzen
die Roma da, erleiden den Hohn;
aber wenn die Kriegstrommeln tönen: »Komm!«,
sind sie für England Geborene wohl?
In Zeiten der Eintracht verwünscht, bis sie ruft, ihre ›Pflicht‹,
und es heisst: »Gypsy Gentleman, fall für die Freiheit!«.

Denn er ist bloss »Dreckiger Gyppo«, wenn er sein Leben lebt
zuhause;
Aber er ist ein ›Held‹, wenn es viel zu spät ist,
und tot wird er nicht mehr streunen.

Es stand ein Trupp Soldaten in Flanderns Blut und Dung,
In die Zerstörung vergafft, wie es nur Waffenbrüder tun:
Dieser Leichnam, blutig, lebendig ein Freund von uns allen,
Er sah die Handgranate nahen, dämpfte sie – und war gefallen.
Der junge Offizier trat heran, gefragt, wer hier sein Leben liess,
Schrien die Truppler verbittert: »Der Gyppo ist's, Herr Oberst,
Der so stets für sie hiess.«

Als er sein Leben zuhause lebte, war er bloss »Dreckiger Gyppo«,
ein ›Held‹ jetzt, da es viel zu spät ist; er streunt nicht mehr,
ist weg.

In einer Wüstengrube, im höchsten Eifer des Gefechts, wo
eine Gruppe ›Wüstenratten‹ der Panzerkraft der ›Füchse‹ trotzte,
kroch eine Gestalt im Khakidrill hervor, um einen Freund
zu retten,
doch wurde sie, wenngleich erfolgreich, von einer
Kugel getroffen.
Der gerettete, verwundete Soldat, gefragt, wer sein Leben
für ihn liess,
sagte: »Herr Oberst, der ›Gyppo‹ ist's, so zum Bedauern
ich ihn hiess.«

Ja! Sein Leben zuhause verlebend, ist er bloss ›Dreckiger Gyppo‹,
Ein ›Held‹ jetzt, da es viel zu spät ist, er streunt nicht mehr,
ist weg.

Im überfüllten Landmarkt, im wilden Hin und Her von
Menschen,
liegt reglos jemand da, den man zu Tode quetschte.
Eine Frau kniet weinend neben der tapferen Person,
Sie sah, wie ihre Tochter zur Seite gezerrt worden war,
um sie zu retten.
Das Pferd ging durch, tötete den Mann; die Frau fragte,
wer da sein Leben liess,
»Den Gyppo hier, den kenn' ich nicht, aber welche Rolle spielt
denn, wie er hiess!«

Ja! Er ist nur ›Dreckiger Gyppo‹, wenn auf der Strasse
angetroffen in Angst …
Ganz und gar anständig doch, wenn du ihm dein Leben
verdankst …

Aus dem Englischen von Dagmara Kraus

Identität

Was siehst du,
Wenn du mich anschaust?
Deine Vorstellung von meiner Identität
Bin ich der Gypsy
Über den du in Büchern gelesen hast?
Bin ich der Fahrende
Von dem du sprechen hörtest?
Wirst du den Tramp in mir sehen
Den nicht aus den Büchern?
Wirst du meine Cousins
Nach ihrem Äusseren beurteilen?
Wirst du den Gypsy kennen, der in deiner Strasse wohnt?
Oder den vom Fleischer, der dir das Fleisch serviert?
Was ist mit der Hebamme, die bei der Geburt deines Sohnes half
Ihre Eltern waren Gypsies, also muss sie Gypsy sein
Dann ist da die alte Dame, die sich um alle Gräber kümmert
Sie predigt die Bibel und behauptet, Jesus rette
Du wirst ihren Sohn daran erkennen, dass er mit einer
Glocke ruft
Der andere ist Lehrer, du wirst ihn nicht so gut kennen.
Die Marktbude oder der Laden in der Hauptstrasse
Es könnte ein Gypsy sein, dem sie gehören dem du
ständig begegnest
Ich könnte dein Briefträger sein, Milchmann oder Priester
Busfahrer, Mechaniker oder Kellner, der dir ein Festmahl
serviert.
Nächstes Mal also, wenn du uns erniedrigst, schaue nicht
auf ein paar
Denn wir sind überall und auch wir schauen dich an
Und du bist nicht so perfekt, als dass du uns beschimpfen
könntest.

Aus dem Englischen von Dagmara Kraus

Opre Roma!

Erkennst du uns wieder? Wir sind Indiens Schäfchen
Tausend Jahre lang geschoren, entmutigt bis zur Entrüstung.
Wir sind die Kaufleute, Händler, Handwerker,
Die im Schatten der Geschichte verkümmern.

Jetzt haben wir die Pfade des Waldes erlernt,
Wir haben schiessen gelernt, wir zielen geradeaus,
Wenn ich nicht für mich einstehe, wer tut es dann?
Wenn nicht so, wie, und wenn nicht jetzt, wann?

Unsere Brüder sind in den Himmel gezogen,
Durch die Kamine von Dachau und Treblinka,
Sie haben sich selbst ein Grab in den Lüften geschaufelt.
Nur wir, ein Viertel, haben überlebt.
Für die Ehre eines unterdrückten Volkes,
Für die Rache und um des Zeugnisses willen.

Wir sind die Söhne Peshwars,
Die eigensinnigen Söhne Romastans,
Jeder von uns trägt die Hoffnung auf ein freies Leben in sich,
Die von Gadze nicht zerstört werden wird.

Brüder, raus aus der Welt des Hasses,
Lasst uns gemeinsam gen Zukunft klettern,
Wo wir Menschen unter Menschen sein werden.

Aus dem Englischen von Dagmara Kraus

Auf den Tod meines Lehrers

Gewidmet Leksa Manuš

Warum, Bruder, bist du so früh schon verschieden,
entrissest den Roma den Seelenfrieden?
Erde und Sonne verhüllten ihr Licht,
vor Verzweiflung sangen die Vögel nicht.

Warum, Lehrer, gingst du so früh in der Zeit,
bereitetest mir soviel Bitterkeit?
Unsterblicher Rom, du schriebst Bardenlieder,
nun aber fiel schwarze Nacht hernieder.

Meine Hand erhebt, sie zwingt mich, zu schreiben:
»Ewig werden Leksas Gedichte bleiben«.
Schwer fasst seinen Tod mein Herz, das ihm glüht,
meine Hand sinkt herab, resignierend und müd.

Aus dem Romanes von Melitta Depner

Auf Belarus fällt weißer Schnee

Der Wind bläst heftig an mein Fenster,
Regen fällt in einem fort.
»Wie ist der Tag in meiner Heimat?
Wind, erzähl mir was von dort ...«

»Auf Belarus fällt weißer Schnee,
die Roma reiten durch die Felder
zu Festen, - sprechen Romanes ...
Sonne bescheint die tiefen Wälder!«

Aus dem Romanes von Melitta Depner

Eiszapfenstahl

Zwei
zeilen
geritzt
in stahl -
die dichtkunst
meines vaters;
ich lese nur
die späne
die sich von den klingen
ringeln -
eiszapfenstahl -
geistergeplauder
der drechselbänke;
nicht dies,
das schneiden
des metalls
der rede,
beistriche wie
schweißnarben;
sein lebenswerk
mit stahl:
acetylen
eine heizflamme
ein eiszapfen

Aus dem Englischen von Hans-Christian Oeser

Sèsi o Lety U Písku

Stimme aus Lety bei Pisek

Ich bin von weither gekommen und bin schon fast da.
»Du warst schon fast da, ausgenommen diese Grenze.«
Ich nähere mich der Grenze und sehe den Draht.
»Du passiertest mich blicklos, doch noch war ich vorhanden.«
Ich bin schon fast da, ausgenommen diese Grenze.
»Nichts konnte dich aufhalten, aber du rittest zurück in die Stadt.«
Du passierst mich blicklos, doch noch bin ich vorhanden.
»Ausgenommen den Draht, nichts konnte dich aufhalten.«
Nichts kann mich aufhalten, aber ich reite zurück in die Stadt.
»Du prahlst, daß du dich aufhieltst für eine Nacht.«
Ausgenommen den Draht, kann nichts mich aufhalten.
»Und du sahst diesen Draht. Er machte dich zur Ausnahme.«
Ich prahle, daß ich mich aufhalten werde für eine Nacht.
»Er machte dich zur Ausnahme. Abgeteilt von den andern.«
Ich seh jenen Draht. Er macht mich zur Ausnahme.
»Abgeteilt von den andern, die starrten zurück durch den Draht.«
Er macht mich zur Ausnahme: abgeteilt von den andern.
»Und du nähertest dich der Grenze. Und sahst den Draht.«
Ein Teil von den andern. Sie starren zurück durch den Draht:
Du bist von weither gekommen. Du bist schon fast da

Aus dem Englischen von Hans-Christian Oeser

Der Rom und der Poet

Von unsichtbaren Pferden gezogen, steht mein Haus still.
Schatten huschen, wärmen ihre Hände an meinem Herd.
An den Seiten der Fenster laufen Gänsefüßchen hinab,
in Lachen sammelt sich zerbrochene Sprache[1] auf den Simsen,
bevor sie in die Höhlungen der Erde gleitet.
Mein Kind starrt hinaus auf den strömenden Planeten.
Für ihn vielleicht regnet es überall und immer.
Das hab ich mir selbst schon gesagt. Drum vergesse ich's nicht;
vierzig Jahre sind vergangen, und doch bin ich nicht älter.
Wenn Roma miteinander reden, laut miteinander reden,
über Grünzug und Hohlweg, sagen sie Schwester und Bruder.
Wenn Mutter oder Vater laut mit ihren Kindern reden,
sagen sie unsre eigene Tochter und unser eigener Sohn.
Ich rufe nach meinem Kind, er ist überall, und sie ist jedermann.

1 zerbrochene Sprache: *Poggadi Jibb*, die Sprache der englischen Roma, oder Romani (Anm. d. Autors)

Aus dem Englischen von Hans-Christian Oeser

Ein schlafender Riese erwacht

Vorbei der Sommer, Schattenneige,
Die Blätter braun, die Lerchen schweigen,
Zurück auf Los und jenseits Enden,
An Feindestischen, Freundessärgen,
Reiches Ufer, neues Land,
Ich steck' mein Fähnlein in den Sand.

Begrabne Kämpfe, alte Kriege,
So geht es immer seit der Wiege,
Umher Geister, treiben mich,
Wohin des Ebers Fahne blich,
Ich seh' sich Seiten heimlich wenden,
Mein Auge schaut, es schaut was niemals endet.

Mehr als ein Handwerk lernt' ich nicht,
Verlor' ein Leben, ließ im Stich,
Hab' keinen Freund zum Zeitvertreib,
Im Hin und Her mich bloss zerreib',
Halboffnen Augs seh' Abseitsdinge
Zu leihen dem Herzen Flügelschwingen
Um aufzusteigen sie versprechen, weit
über alle Vorstellung, wo ein verjüngtes
Herz kann singen. Doch aus dem Andern
rührt Entsetzen, jenseits Hoffnung, Sorgen
Ängsten, eine Aufgabe vor müden Beinen
Mühen, fusslahm, und ein grauer Kopf.
Und so beginnt dem Riesenschläfer
das Land zu wanken, eh er
Mit Märchen im Kopf zuletzt erwacht,
den Berg erklomm, den Pfad genommen,
der Schlingen macht.

Ich stieg ganz jung auf hohe Treppen
in meiner Freiheit, Hoffnung, Wahrheit
und aus der Höhe seh' ich hin
auf diese Frau, auf diese Seele, die ich bin.

Aus dem Englischen von Dagmara Kraus

Fabelvogel

Was erzähltest du mir, alter Fabelvogel,
wenn die Geheimnisse des Alls
in die Farben deines Gefieders eingeschrieben wären?
Der Vogel hört auf zu picken und späht nach mir,
erst mit dem einen Auge, dann mit dem anderen.
Mit einem Husten, denn der Vogel klärt seine Kehle,
das Sprechen zu solch stumpfen Ohren nicht gewohnt.
»Nichts würde ich dir sagen,
bis dir bessere Augen wachsen, mich zu sehen.
Mit all deinem Ehrgeiz und den Werkzeugen, kleiner Mensch,
sehen wir dich emporkommen, sehen dich fallen!«
Ich kann seinen Blick nicht halten
und starre zu Boden, verschämt.
Als ich wieder aufblicke,
ist der Vogel zu einem anderen Baum geflogen.
Aber auf dem Boden vor mir hinterließ er mir
eine Feder, die langsam sinkt,
deren Geheimnisse von mir zu entdecken sein könnten,
finde ich den Clou.

Aus dem Englischen von Dagmara Kraus

Karnickeljagd

»Da auf dem Feld sind immer ein paar junge Karnickel,
Wo Lady und die zwei Fohlen sind«,
Mit rauer Stimme, schweren Lidern sagt dies Omri mein Onkel,
Ziele und Absichten schlau verhüllend.

Sein karierter Fischerfilzhut hing runter in die Stirn
Wie eine Glocke für den Drehpunkt seines sich einschießenden
Verstands,
Der auf seinen festgetretenen Pfaden quer durch die
Gemeinden jagt
Teile der Welt verloren gebend, vielleicht Welten verloren
gebend,
Wenn er seine farnberänderten, grobbegrenzten Pfade läuft.

Der piepsstimmige, scharfäugige junge Mushi
Ist zehn. Seine flaumigen Brauen zucken, als er sein lautloses
Atmen prüft:

Etwa zwölf Monate sind gewesen und vergangen seit dem Feld
und den Furchen,
Den Fährten, den Katapulten der Marke Black Widow,
schräg aufgestellt, um
Die umherflitzenden Karnickel zu erwischen. Mushi weiss
schon ungefähr, wie
Er die glattesten Steine über zehn yard schwirren lassen muss,
abgetrennte Sicheln durch
die tiefste Flugbahn
In einem Augenblick
Und wieder, in einem Augenblick; wie hart die besten sind,
unnachgiebig, schwer und sicher
und klein,
Als Wachteleier maskiert, aber tödlich.

»Am Freitag gehen wir da hoch, wie wär's?« sagte Omri,
Beide Augen zusammenkneifend, mit einem Kniff in den Bug
des Hutes.

–

Komm' diesen Freitag, die Schule wird länger dauern; länger,
niederschmetternd und
nichtig:
Die Wörter in den Büchern mögen sich ändern und dehnen
Aber das Papier wird aussehen wie immer.

Aber komm' um zwanzig nach drei, und nach dem reibenden
Quietschen
Von hundert Kinderstühlen auf Lino, den Abbruch der Woche
markierend.
Ich werde die Seite des Spielfelds entlangrasen, mich mit einem
Bogen sauber
Über den Eckpfosten schwingen, und da
Wird mein Onkel Omri sein, und wir
Werden mehr als ein Sterbendes zum Zielen haben.

Aus dem Englischen von Wilfried Ihrig

Zypern

Ich liege froh in der Sonne im Sand.
Zypern dringt in mein Sommerherz helle.
Die goldenen Strahlen über dem Strand
erwärmen mir sogar meine Seele.

Wegen Zypern tauch ich in Träume lind,
wie andere Gäste, die hier verweilen.
Ich neige die Stirn in den leichten Wind,
während einige rasch zum Kaffee eilen.

Nach Nikosia drängt man von überall her,
zu kaufen, was Touristen mitbringen müssen.
Die Andenken machen die Taschen schwer,
man will diesen Tag ja niemals vergessen.

Aus dem Romanes von Melitta Depner

DAVID MORLEY

Ich quin eine Queckenbraunelle

und in diesem moment
diesem minimalen moment

schießt
eine flügge

heckenbraunelle
durch

die offene tür
meiner schreibhütte

verfängt sich verärgert
in meinem haar

bruchlandet mürrisch
auf meiner tastatur

drückt
flüchtig

den buchstaben Q
und twittert

#Ich quin
eine QUECKENBRAUNELLE!

ICH QUEIBE QUERADE
EIN QUEDICHT!

Aus dem Englischen von Hans-Christian Oeser

DAVID MORLEY

Lorca, eine Erscheinung

Nur einmal hört ich sie die Nacht zerpfeilen,
die Luft mit einer drahtenen Saite zerteilen

– ein sichtbar gemachter Eulenblick. Ich sagte
meinen Freunden, wie sehr ich sie ersehnte,

die Elegie entschwundener Jahrhunderte, pathetische
Beschwörung der Liebe unter andern Welten

und andern Monden und andern Winden.
Ein Schrei von der Summe unsrer Toten.

Lorca hörte die Siguiriya der Gitanos
die Liebe zerreißen mit schneidendem Schrei –

das Leben zerreißen mit schneidendem Schrei –
die Erde in zwei schaudernde Hemisphären.

Aus dem Englischen von Hans-Christian Oeser

Migration

Und du stülpst um die Vogelhaut,
als ob die Vögel, nicht wir, sie bewohnten

und als ob sie, die Vögel, starrten,
eine Zählung machten, die Beringung

an unseren Beinen notierten, Gefieder, Prädation,
unser gesamtes, gesammeltes Migrationsmuster;

und sie uns durch den Winter fütterten,
hölzerne Kisten hinstellten, in denen wir

unsre Familien bestatten, unser Paarungsverhalten
jährlich durch bewegungsaktivierte Kameras

studierten, ihre Schnäbel, ihre kleinen Augen
an den Fensteröffnungen der Haut.

Wir stünden stumm in unserm Schwarm, starrten
zurück, das Wetter der Welt im Rücken.

Aus dem Englischen von Hans-Christian Oeser

IRLAND

Der Earl von Little Egypt

Ich bin dahingegangen
vor langer Zeit
vor langer Zeit
Ich höre nicht mehr
die Stille meines Todes auf dem Mandala des Rades
und die Frauen mit den Rabenstimmen
und den topasfarbenen Augen der Leoparden.

Ich bin dahingegangen
vor langer Zeit
vor langer Zeit
Mein Körper ist jetzt die Butterblume,
mein Schädel eine Kammer für den Maulwurf.
Wohin verweht die kalte Asche aus eines andern Feuer,
die ungeborenen Farnsamen in meiner Hand aus Blättern.

Ich bin dahingegangen
vor langer Zeit
vor langer Zeit
Mein Geist eine Klosterzelle summender Bienen,
mein Ohr die Schale aufgelesener und zerschlagener Schnecken
Aber wie die umherirrende Quietschmotte
flattert meine Seele im Netz der Jahrhunderte.

Aus dem Englischen von Wilfried Ihrig

Segeln nach Byzanz

Unter dem einzigen Schwarzdorn
In einem Jericho eingefallener Mauern
Stirbt ein altes weißes Pferd.
Des Dorns schwarze arthritische Sehnen
Krallen sich in den Rücken der Böschung,
Klammern sich an ein harsches Leben
Unter Stürmen, die dreschen und pfeifen
Über seiner gespenstischen Silhouette,
Schroff wie die der Nike.
Einmal kam ein klassischer Philolog vorbei
Und sagte zu uns: Kinder, schaut!
Ein geflügeltes Samothrake –
Vom Wind aus harter Luft gehauen,
Sein eigener, scharfkantiger Trotz –
Wir fanden den Mann bekloppt.
Wir erzählten ihm von Etwas Furchtbarem,
Das dort geschehen war,
Einstmals, vor langer Zeit,
Ein Fluch war's, ein Mord,
Der Ort gemieden von Feen –
Die Leute hatten es längst vergessen.
Das alte Pferd neigt sich wie über
Ein niedriges Gatter, das eine neue Dimension versperrt;
Viereckige Knochen stützen sein verfilztes Fell,
Stangen gleich, die die schlaffen Enden
Seines eingesackten Beduinenzeltes spannen,
Riesige Kamellippen
Tasten und scheuern an dem grünen Schaum,
Der die Oktavsprünge seiner gebleckten Zähne verklebt –
Plötzlich ruckt der abgezehrte Sargkopf,
Seildicke Flechsen heben den hölzernen Hals an
Wie die Gaffel eines Galway Hooker,
Die Mähne flaggt ein letztes Signal.
Das Cabochon-Auge, schimmernd wie Rauchquarz,
Glimmt schwach wie ein kerzenrußiges Windlicht,
Forscht jenseits des Lebenshorizonts;

Ein kleines Schnauben durch
Guernica-Nüstern,
Ein leises Wiehern zu einer erinnerten Lust, einer Präsenz –
Falls es die jemals gab –
Jagdhunde, die längs eines vorgestellten Horizonts rennen,
Vielleicht ein Kind, das zögernd
Einen halben roten Apfel reicht,
Oder das Nahen des Todesengels –
Wen immer es zu sehen sich neigt, hoffentlich
Hat er kein Halfter dabei.
Des Todes unsichtbarer Zaun zersplittert,
Er bricht zusammen, in seinem letzten Kampf
Steckt es kopfüber in Graben und Morast,
Hinabgezogen auf dem Rückgrat, einer durchgebogenen
Firststange,
Gleich dem beschmutzten, ausgebleichten Zelt
Eines drittklassigen Zirkus.
Der hanfene Schwanz schlägt, zittert, und was immer
In dem eingestürzten Zirkuszelt gefangen war,
Ist erstickt.
Sie kommen und zerren es zum Laster
An einem drehbankharten Bein,
Parodieren den umgedrehten Küchentisch,
Auf dem wir segelten –
Nach Byzanz.

Aus dem Englischen von Hans-Christian Oeser

Der Stein

Vorbemerkung der Autorin: Dieses Gedicht handelt von den Felsbrocken, die jeden traditionellen Halteplatz der Traveller (Fahrende) in der Republik Irland blockieren. Mit Hilfe dieser Steine haben die Behörden den Travellern sämtliche Stellplätze genommen und sie in Häuser gezwungen, um auf diese Weise sowohl sie als auch ihre Traditionen loszuwerden.

Nehmt fort den herzlosen Stein
den breiten, überlebensgroßen
den schwarzen, dunklen Stein
des Neids, des Todes und der Gier.
Wohin du auch fährst
bevor du noch am Lenkrad drehst
triffst du auf den schwarzen Stein
der dich aus dem Licht vertreibt
sich deines Lebens bemächtigt
deine Welt beherrscht
dich tief begräbt.

Nehmt fort den Stein
der unsre Freiheit beschneidet
das einzige Leben zerstört
das wir je hatten.
Neidstein ohne Herz
kalt und hart, keine Gefühle hat er
der uns Traveller täglich bedrängt.
Eine Kette aus schwarzen Steinen
um das grüne Kleeblatt:

Was einst unser war
ist nicht mehr.

Die dunklen, schwarzen Steine:
es liegt ein Fluch darauf
von den Gefangenen dieser Steine.
Drum nehmt fort die Steine

befreit unsre Seelen
laßt uns leben im Licht.
Das Schwarze ist der Feind
es blockiert unsern Lebensgeist
zur Sommerzeit
tötet unsre Freiheit ohne Waffe
regiert die Herzen aller.

Frei geboren, doch das Licht scheint nicht mehr
die Steine haben die Tür versperrt
zu den Herzen aller.
Habt den Wunsch, frei zu sein
und nehmt fort die Steine
die unser wildes irisches Land bewachen
und laßt den Lebensgeist der Traveller
die Lebenden und die Toten
wieder frei sein.

Aus dem Englischen von Hans-Christian Oeser

SCHOTTLAND

Beim Weidengarten unten

Nach William Butler Yeats

Beim Weidengarten unten,
Da traf ich meine Süße;
Sie kam zum Weidengarten,
Schneeweiß warn ihre Füße.

Nimm leicht die Liebe, bat sie,
Leicht wie die Bäume blühen;
Doch ich, so jung und töricht,
Hab das nicht eingesehen.

Am Bach auf einer Wiese war's,
Wo sie mit mir stand;
Auf meiner krummen Schulter
Lag schneeweiß ihre Hand.

Nimm leicht das Leben, bat sie,
Wie Gras wächst leicht am Wehr.
Doch ich war jung und töricht
Und weine nun seither.

Die Weiden sind jetzt braun verfärbt,
Kein Wasser strömt durchs Wehr,
Und eine Stimme wird mich quälen
In die Kreuz und in die Quer.

Und seh ich sie auch nicht wieder
Für den Rest meiner müden Tage,
Denk ich an den Weidengarten,
Sind meine Augen voller Klage.

Denn nimm leicht die Liebe, bat sie,
Wenn die Bäume nicht mehr blühen;
Doch ich, so jung und töricht,
Hab das nicht eingesehen.

Aus dem Englischen von Hans-Christian Oeser

Schottlands Kind

Ja, man könnte behaupten, du seist besser als ich, deine
Angehörigen haben dich offensichtlich mit einem guten
Zuhause gesegnet, feiner Kleidung, dem besten an
Schulbildung, gutem Essen etc.
Ich meinesteils sah das Leben aus dem Mund eines
Zigeunerzeltes.
Aber ich habe den Windatem von John o Groats gespürt.
Ich habe die Hügel von Glen Coe gesehen, mit Purpurheide
bekleidet, hörte die Gipfel tausend Flüche flüstern den
Mördern der McDonald-Kinder.

Die Geister Cullodens berührten meine Wange, als ich auf dem
Felssitz saß, den Himmelsblitzen zusehend, wie sie quer
übers Land zum Meer streifen.
Kannst du von dir sagen, du habest die ersten reifen Erdbeeren
von Blairgowrie gekostet?
So lange Himbeeren gelutscht, bis ihre roten Säfte deine
Geschmacksknospen mit göttlichem Aroma füllten?
Gibt es eine Zeit in deinem Leben, in der du dich im frühen
Morgentau wuschst, in einem Feld voll von Schlüsselblumen,
rosa Klee und wilden Gänseblümchen?
Bist du jemals unter dem Bauch eines riesigen, sich sonnenden
Hais geschwommen?
Hast du einem neugierigen Seehund vorgesungen?
Hast du den Wieselpfiff gehört, wie er das Trommelfell eines
hypnotisierten Kaninchens durchsticht?
Die Angst im Auge des Glen-Monarchen gesehen, wenn der
Stalker den Finger an der Waffe bewegt?
Haben deine fürsorglichen Eltern dir Geschichten erzählt von
den fürchterlichen Fian Warriors von Glen Lyon?
Weisst du, wie alt die Eibe von Fortingall ist?
Hast du jemals einem tauben Kind zugehört, das eine schöne
schottische Ballade singt, ungeschriebene Musik und Worte?
Hast du die Morgenmilch einer Kuh probiert, noch bevor
sie ihr Kälbchen säugt oder die eiskalten Wasser eines

Bächleins an seiner Quelle?
Hast du jemals Delphinen zugeschaut, wie sie der Lord
o' the Isles folgen, die majestätisch von Oban nach Mull segelt?
Einen Kampf auf Leben und Tod zwischen zwischen zwei
Traveller-Kriegsherren gesehen, von ihren Vorvätern
beherrscht, die an den Regeln ihrer Sippe festhalten?
Hast du die Todesfee am Flussufer Leichentücher waschen
sehen im dichten Nebel einer herrlichen Schlucht?
Hast du die Hand einer alten Frau gehalten, während sie ihren
letzten Atemzug atmet und ihren Körper ein letztes Mal
ausstreckt?
Ich bin ein Kind des Dunstes – was bist du?
Ich bin ethnisch. Du bist ausgeschlossen. Ich erzähle dir eine
Geschichte von deinen Vorfahren, die dir nicht beigebracht
wurde!
Würdest du mit einem Vagabunden reden?
Empfindest du den Anblick eines Tinkercamps als aufregend
oder weichst du vor Ekel zurück?
Bedankst du dich für jeden Atemzug, den Gott dir gibt
oder nimmst du das Leben als selbstverständlich hin?
Wir unterscheiden uns, du und ich. Ich bin der Wind in deinen
Haaren, du die Stimme des Argwohns.
Ich bin das Blau des Atlantiks, wenn es seinen wässrigen Finger
in die Westküste Schottlands stößt.
Du bist das Tor, das mich daran hindert, den Wald zu betreten.
Ich bin das Birkhuhn in der purpurnen Heide, du der Jäger,
der mir das Fliegen verweigert.
Ich bin der Lachs, der in seinen Lieblingslaichstrom springt,
du der Stock, der meine epische Reise beendete.
Ich bin der Same aller, die vor mir gingen. Ich bin von den
tapferen, die nicht verbargen, dass sie das Schottenkaro
verbrannten. Ich bin von denen, die an geheimen Orten
Gaelisch sprachen.
Ich bin Teil der Wahren Erde, des Meeres, des Himmels –
Ich bin Schottlands Kind.

Aus dem Englischen von Dagmara Kraus

Schottlands Ausgestossene

Fortschlafen kannst sie nicht,
am Morgen werden sie da sein.
Fortträumen kannst du sie nicht,
sie tauchen auf mit deinem Erwachen.

Erwarte nicht, dass sie verschwinden,
über die Heide verduften,
nie würden die Show sie lassen,
sind auf immer mit dir verbunden.

Du kannst sie beiseite nicht fegen,
sie sind da wie die Flut, die zurückkehrt.
Du kannst sie zum Teufel nicht wünschen,
ach, das tätest du ohnehin nicht.

Oft sind sie mürrisch und störrisch,
doch sie sind kein verborgener Schatz.
Sie zweifeln nie, allem sich sicher,
sind das ewig fahrende Volk.

Schießt ihnen was quer, steh'n sie fest:
das ist ihr »Esprit de Corps«.
Sie sind die Essenz ihres Tuns,
zurückschiessen können sie nicht.

Sie reichen die Hand nie dem Teufel,
sie sind deine Glocken, dein Kirchturm.
Also zweifle nie, wie sie sich fühlen,
sie sind Schottlands fahrendes Volk.

Sind die pfundigste Show auf der Strasse,
gezwungen, die Last zu tragen.
Ihr Gesicht ist auch dein Antlitz,
sie sind der großartige Teil von dir.

Für den verregneten Himmel droben,
für unsere heiligen Täler,
unsre Vorfahren, längst schon verschieden,
für das Schottland von heute,
sind sie Ausgestossene noch immer.

Aus dem Englischen von Melitta Depner

Sitzen Sie bequem

Sitzen Sie bequem
Hören Sie zu
Sind Sie wach
Bitte machen Sie Notizen
Es macht mir nichts aus

Ich bin eine Fahrende
Ich bin eine Mutter
Ich bin eine Vollzeitpflegerin
Für meinen Sohn

Es ist nicht immer einfach gewesen
Tatsächlich könnte ich sagen
Es war ein Alptraum
Manchmal über die Jahre

Ich habe mich frustriert gefühlt
Ich habe mich isoliert gefühlt
Ich habe mich erstickt gefühlt
Niemand nimmt
Irgendwie Notiz oder versteht
Wie ich mich fühle
Wie ein Tier gefangen in einem Käfig
Nach Freiheit schreiend

Warum kann niemand Mitgefühl zeigen
Und erkennen dass ich Hilfe brauche
Selbst um die Medikation meines Sohnes herauszufinden
Da ich weder lesen noch schreiben kann

Es ist nicht meine Schuld ich tue nur mein bestes
Dachte ich hätte die richtige Entscheidung getroffen
In ein Haus einziehen
Meine Kultur

Und meinen Lebensstil aufgeben
Damit mein Sohn
Die Gesundheitspflege bekommen könnte auf die er
Anspruch hat
Wie jeder andere

Um Himmels willen
Bitte lassen Sie andere Fahrende
Nicht leiden wie ich es musste.

Aus dem Englischen von Boris Faltin und Ulrich Janetzki

Wohlstand durch Kunst

Manipulieren und ausbeuten
die not und arbeit der armen
und dadurch reich werden
und diesen wohlstand nutzen
um zu kaufen was eines armen arbeit war
aber jetzt Kunst genannt wird
und in ihr zu finden versuchen was euch fehlt
das freigebige empfinden eines armen.

Durch wohlstand verfolgen
in gemälde oder bronze oder ton
die Auraspur dessen was der arme
denkt und fühlt und betet
bis am ende
die arbeit der seele des armen
in der tasche des reichen ist
zu seinem vergnügen zu behalten
oder mit profit zu verkaufen.

Aus dem Englischen von Wilfried Ihrig

SKANDINAVIEN

Ich hatte einen bösen Traum

Ich hatte einen bösen Traum:
Ich saß am Meeresufer,
da wurde plötzlich alles schwarz.
Die Wolken und die Sonne brannten,
Am Himmel flogen Unglücksraben,
und ihr Gekrächze ließ Unheil ahnen.

Aus dem Romanes und dem Schwedischen von Melitta Depner

Die siebensaitige Gitarre

Ich habe Angst vor ihr, ich habe Angst.
Wie schön sie doch ist,
die pechschwarzen Haare,
die nussbraunen Augen
haben mein Herz gebrochen.

Ach du, warum, warum, warum,
weißt du, warum, warum, warum?

Fast ist es schon Nacht,
ringsum Nebel,
das alte grausame Gesetz
will meinen Verstand trüben.
Irgendwo in der Ferne klingt eine Gitarre,
ich höre den Klang jenseits der Mauer,
dennoch höre ich ihren Ruf,
klarer als je zuvor.

Ach du, warum, warum, warum,
einmal noch, sag, warum?

Ich muss gehen,
bevor meine Gitarre erwacht,
heute räuspert sie sich heiser,
rauer als je zuvor.
Meine Seele ist voller Erinnerungen,
mein Herz ist voll von dir,
es trübt meinen Verstand,
ich muss sterben.

Ach du, warum, warum, warum,
einmal noch, sag, warum?

Weil ich dich liebe,
muss ich alles ertragen.
Mein Herz ist schwer vor Trauer,
meine Seele zittert,
die Seele deiner Gitarre lebt,
um deinetwillen weine ich.

Ach ich, noch einmal, sag,
warum, warum, sag, warum?

Der Straßenbelag ist schwer,
die Nacht ist schlafesschwarz.
Spiel, Zigeuner,
spiel, damit ich keine Angst habe,
lass deine Gitarre heulen,
dass die Erde bebt!
Du nimmst das Leben mit dir,
bald pulsiert es nicht mehr in meiner Brust.

Ach ich, ich, ich, noch einmal ich!
Warum, warum, sag, warum?

Auch ich werde wohl noch sprechen,
auch spielen kann ich noch,
ich lasse meine Gitarre singen,
in einem Akkord aus sieben Saiten.
Aber bald geht der Morgen auf,
morgen schon wird die Erde erbeben,
dann wird meine Gitarre sterben.

Ach du, sag, warum, sag es ein zweites Mal,
warum liebe ich, sag, warum?

Die Nacht ist ewig,
mein Herz erwacht vom Schmerz,
um der Erinnerungen willen weine ich.
Sprich zu deiner Frau, Mann,
spiele nicht hinter der Mauer,
komm zu mir und spiele
auf der siebensaitigen Gitarre!

Ach ich, sag noch einmal,
warum, sag, warum, warum?

Komm, Mädchen, komm,
lach, Mädchen, lach!
Bitte, Mädchen, bitte,
bitte deinen Jungen, Mädchen,
dass wir zusammen lachen dürfen,
ach Liebste, lass uns lachen,
lass uns weinen!

Ach du, sag, warum, warum, warum,
warum bereue ich nicht, warum, warum?

Spiel, Zigeuner, spiel!
Wie kann das Mädchen singen,
wenn deine Gitarre nicht heult?
Spiel, Zigeuner, spiel!
Wie kann das Mädchen tanzen,
wenn die Saiten nicht zittern?
Der Vogel kann nicht fliegen,
wenn die Flügel ihn nicht tragen.

Ach du, warum, warum, warum,
einmal noch, warum, warum?

Traurig zupfe ich auf meiner Gitarre,
quäle die Melodie auf der Schaukel des Kummers,
anderen gehören die irdischen Feste jetzt,
wir müssen sie mit Erinnerungen füllen,
mich bedaure ich nicht,
um deinetwillen weine ich!

Ach ich, weißt du, Freund, warum,
warum, warum ich nicht lache, warum?

Kannst du spielen, Junge?
Spiel, Zigeuner, spiel,
damit ich in Tränen ertrinken kann,
noch einmal die glücklichen Stunden erleben,
die vor langem schon vergangenen!

Ach wir, warum, warum, warum,
warum, warum weine ich nicht, warum?

Ich bitte noch einmal,
spiel wie ein Zigeuner,
spiel noch einmal,
spiel ein zweites Mal,
lass deine Gitarre heulen!
Sag, ob du ein Zigeuner bist,
sprich, Junge, ob du spielen kannst!
Ich bitte dich noch einmal,
quäle deine Gitarre nicht so traurig leise,
spiel für die vor langem gelebten herrlichen Stunden!
Spiel, Mann, für deine Frau, spiel für dein Mädchen, Junge,
spiel, Zigeuner, schnell,
damit ich alle Stunden des Glücks weinen kann,
die vor langem gelebten,
wegen dir leide ich!
Zwei Gitarren
hinter der Mauer verborgen,
singen sie traurig.
Spiel noch einmal,
noch viele, viele Male.

Ach wir, sag mir, warum,
ach ganz gleich, warum, warum, warum.

Aus dem Finnischen von Stefan Moster

Ich wurde geboren

Ich wurde in einer Sauna geboren.
Meine Mutter klatschte mir auf den Rücken,
ich stieß einen Schrei aus
und so habe ich mein Leben lang geschrien
und weiß nicht wer ich bin.

Ich wurde in einer Sauna geboren,
wuchs auf dem Rücken der Landstraße auf.
Ich habe das Lied der Bäume gehört,
aber ich kenne nicht die Welt,
in der mein Herz pulsiert.

Aus dem Finnischen von Stefan Moster

Ich begrabe mich selbst

Was starre ich auf die Fenster,
sehe ich doch nur mein verwachsenes Gesicht.
Was tue ich mit meinem Körper,
ich gehe und begrabe mich selbst,
lasse andere die Blumen gießen.

In mir sind die Spuren der Landstraßen,
mein Erbe wurde verspottet,
man hat mich mit schmutzigen Blicken beworfen,
meine Seele mit Hass gehegt.

Was tue ich mit meinem Körper,
ich gehe und begrabe mich selbst,
und lasse andere die Blumen gießen.

Aus dem Finnischen von Stefan Moster

POLEN

Ohrring aus Laub

Arme Waldmädchen,
schön wie Heidelbeeren,
wollten gerne tragen
Ohrringe aus Gold.
Woher sie nehmen? Wo Gold suchen?
Ihr Verlangen ist vergeblich,
nichts wird aus den prachtvollen Ringen!

Arme Romamädchen,
schön wie Heidelbeeren.
Die Zähne so rein wie Perlen,
in den Augen Schimmer von Gold.
Und die Ohrringe? Wo sind sie geblieben?
Irgendwohin in die tiefen Wälder sind sie aufgebrochen...
Drum bitten die Romamädchen mit klangvollen Worten,
dass die Leute ihnen neue schmieden mögen –
aber fremde Menschen machen Romamädchen
keine Ringe.

Mit alten Romafrauen gingen die jungen Mädchen
einmal im Wald Reisig sammeln.
Nah am Fluss ein Feuer sie entfachten,
von Ohrringen ein Lied sie anstimmten:
O Ohrring, du mein prachtvoller,
sei mir, du Goldner, Zier,
mach mich schöner noch!

Wo seid ihr, Ringe ihr?
Haltet euch versteckt im wilden Wald?
Unsre schwarzen Augen sehnen sich nach euch,
nach dem Goldschimmer, nach euch Ringen!
Wo seid ihr? Werden wir der Ringe
Glanz noch sehen, unser einzig' Schatz?

Schon erlosch den Romafrauen ihr Feuer,
den weinenden Mädchen im Wald.
Sie wussten nicht wie und woher –

da erhob sich ein mächtiger Wind.
Stürme nicht, du großer Hauch!
lass uns sicher gehn nach Haus!

Die Mädchen und Frauen
ließen ihren Gesang verstummen.
Zwei flohen, von Furcht ergriffen,
ihr Rufen schallt im Walde wieder.
In Fetzen ist die Flamme vom Wind gerissen,
und der Romafrauen Lied ist vom Fluss
weit in die Welt getragen.

Sie wussten nicht wie und woher –
ein Eichenblatt mit Galläpfeln fiel,
auf der Mädchen Schoß ein Blatt nach dem andern.
Aus ihnen wollen sie goldne Ohrringe machen!

Ach, du Ohrring aus Laub,
du schimmerst so schön!
Galläpfel wachsen auf dir
herrlichen Korallen gleich!

Das Gold hat in der Erde sich vergraben,
der Baum hat ein Blatt aus ihm geschlagen,
dass sie nicht weinen, sondern lachen
und singen, die beschenkten Mädchen,
dass sie alle bezaubern
mit ihren Ohrringen aus Laub!

Armes Romamädchen,
schön wie eine Heidelbeere.
Die Zähne wie Perlen so rein,
in den Augen Schimmer von Gold.
Schon hat sie zwei Ohrringe aus Laub,
nach denen ihr jeder schaut.

Aus dem Polnischen von Ron Mieczkowski

Die Roma

I

Auschwitz, Majdanek
Dort starben die Roma
Knochen und Asche streute der Wind in die Welt
Wer wird für sie eine Träne vergießen
Wer wird Blumen auf ihr Grab leben
Wer wird sie heute beweinen
Allein der traurige Herbstwind
Und herabfallende Blätter werden zur goldenen Zier auf den Gräbern der Toten
Wieviele von ihnen starben
Wieviele haben überlebt und tragen die Erinnerung an Auschwitz noch heute
In ihren Armen eingemeißelt
Diesen Roma gebührt Bewunderung und Ehre
Dank für die Mühsal und das neue Zigeunerleben.

II

Vieles schreibt man über polnische Häftlinge
Noch mehr über die Juden
Warum hat niemand der Roma gedacht
Dieser Roma, die den Wald erheitern konnten
Als die Roma umherzogen
Freute sich die ganze Welt
Über Zigeunerlager schreiben die Polen Gedichte
Sangen fröhliche Lieder
Und heute, wenn man der Polen gedenkt
Und der Juden, die in Auschwitz umkamen
Warum hat man die vielen Roma vergessen
Die auch zusammen mit ihren Kindern in die Gaskammern gingen
Ins Krematorium

Sie starben vor Hunger und Kälte
Sie waren dem Untergang geweiht
Aber es gibt sie, sie leben und mit ihren bunten Gewändern
Bringen sie Farbe in die Straßen unserer Städte.

Aus dem Polnischen von Anna Isabella Żurek und Edyta Konarzewska

TERESA MIRGA

Am Fluss liegen

Am Fluss liegen
Kalte Steine
Stumme Figuren
Wie büßende Seelen
Die einen schlafen im Fluss
Die anderen ruhen
Am Ufer
Kleine und große
Felsen
Sehen und hören alles
Müssen schweigen
Der Regen wäscht ihre Körper
Die Sonne wärmt ihre Seelen
Vielleicht kommt der Tag
Und sie stehen auf
Beginnen zu sprechen.

Aus dem Polnischen von Dorota Stroińska

Papuscha

Das ist derselbe Park und derselbe kleine Fluss.

Aus dem Nebel über dem Teich taucht sie auf.
Gleitet über die Kieswege,
Weil doch Tote die Erde nicht berühren.
Zornig wirft sie Papierschnipsel hinter sich.
Und seufzt ...

Niemand bedarf mehr ihrer Weissagungen
Und jene zwei Fräulein dort mit ihren Kinderwagen
Unterhalten sich auf Romanes und überreichen
Einem flachsblonden Kind
Einen Gnadengroschen.

Die Küken im Nest streichelte sie
Und eine befreundete Taube.
Ein windrotes Eichhörnchen wurde von ihr geküßt.

Was macht Euch so traurig, Tantchen?
Das ist Eure geliebte Stadt.
Das ist doch Euer grüngoldenes Gorzów.
Sogar ein Denkmal habt Ihr hier.

»Das habe ich – und wie früher treten sie mich mit Füßen«,
Erwiderte Papuscha – die große Roma-Dichterin.

Der Wind warf ein Blatt aufs Wasser
Wie einen goldenen Ohrring.

Aus dem Polnischen von Ron Mieczkowski

Vielleicht könnte man?

In der grau verfilzten Tristesse schleppen die Tage
ihre Schatten fahlbleich
ist die Zeit der beigebrachten Wunden
und der Gefühlsleere

Vielleicht könnte man
aus dem Schatten treten
die Wunden vergessen
die Verletzungen unserer Herzen
vergeben

Einander sich so näherkommen
dass in uns
Jericho
zerbirst

Aus dem Polnischen von Dorota Stroińska

TERESA MIRGA

Schwierig ist mein Weg

Schwierig ist mein Weg
mein Zigeunerpfad
riecht nach Wald,
riecht nach Rauch
wird vom Wind verweht
im Lied besungen
mit Tränen gewaschen.

Aus dem Polnischen von Dorota Stroińska

Die Wahrsagerin

Die schöne Wahrsagerin legt die Karten auf den Tisch,
Komm, ich schaue in deine Zukunft, ihr Lächeln ist frisch.
Die Karte lege ich für dich, diese für die Nächsten ...
Neuigkeiten, die ich sehe, bringe ich zum Besten.

Ich weissage dir, kommende Woche wird für dich herb
Zweifelst du an meinem Wort? Die Liebe wird dein Verderb!
Glaube mir, mein Süßer, diese Karten lügen kein Stück
Den Gadje sagen sie Wahrheit, den Roma geben sie Glück.

Was macht das schon, dass dir die Romni aus Karten wahrsagt.
Was macht das schon, dass dich die Zeit so drängt,
auf Reisen jagt.
Sie nimmt meine Hand, ich spüre die Wärme ihrer Haut
Und zärtlich lächelnd, wie tief sie mir in die Augen schaut.

Leicht erweitert sind ihre Pupillen, glühend und schwarz
Betört von ihrem Blick, verzaubert von ihrem Glanz
Gebe ich langsam ihren leisen Verlockungen nach
Folge ihrer Stimme und glaube ihrer Worte Macht.

Was ist mit mir los, verdammt, warum werde ich so schwach.
Was für eine Schönheit. Sie hält immer noch meine Hand
Hebt sie ein wenig und schmiegt sie fest an ihre Brust.
Sie blickt mir in die Augen, zart errötet vor Scham.

Leicht öffnet sie ihre Lippen, flüstert ein paar Worte
Ich höre, was sie sagt: »Die Liebe ist die Rettung«.
Augenblicklich begreife ich, sie sagt nicht mir wahr
Sie gesteht ihren Wunsch und offenbart ihre Hoffnung.

Aus dem Polnischen von Dorota Stroińska

Nur Asche …

Nur Asche und verkohltes Holz bleiben als Erinnerung an die
tanzenden Abendflammen,
Mit einem Stab stocherst du im silbernen Haufen und bist
zuversichtlich wie einer, für den sie zuletzt stirbt …
Und die Mutter der Dummen ist.

Du bist zuversichtlich wie einer, der die Erfüllung hinter dem
Horizont ersehnt.
Dieser Funke schlummert auf dem Grund, es ist der letzte,
wie das Auge einer Maus.
Moosumhüllt, belebt mit deinem Atem, tanzt er in Flammen …
Wächst zum Feuer.

Vielleicht findest du in der Asche der verbrannten Träume
deinen Funken?

Aus dem Polnischen von Dorota Stroińska

Oft seh' ich mein Leben in Träumen

Oft seh' ich mein Leben in Träumen,
mein Leben, das hinter mich trat,
meine Jugend, im Walde verborgen,
kein Stern, der mir weist noch den Pfad.

Seh' nirgends die Route der Roma,
die – im warmen trockenen Haus
den Wind der Gadsche nicht spüren,
der uns Roma der Ehre beraubt.

Von der großen Reise ließen
die Alten zurück keine Spur.
Ich kann von damals nichts finden,
schau' ich heute manchmal retour.

Meine Wälder, wo seid ihr geblieben?
Ich sehe euch nicht in der Stadt,
nur hohe Gebäude aus Steinen
erblickt mein Aug' jeden Tag.

Mein Gott, wie sollen wir handeln?
Erinnern, vergessen was war?
Pfeilschnell stürmt das Leben vorüber,
doch i c h weiß das Alte noch klar.

Mein Leben in Wäldern, auf Reisen,
mein Leben, wie ein Märchen, Gesang,
wie Schnee, der schmilzt in der Sonne,
wie für Roma ein starker Trank,

mit Mondschein und finsteren Nächten,
mit Menschen ums Feuer im Kreis.
Mein Leben gleicht alten Spuren,
mit Eltern und Brüdern vereint.

Was gewesen, kehrt niemals wieder,
die Jugend hat andres im Sinn.
Erkauft ist das neue Leben,
die alten Werte dahin.

Aus dem Romanes von Melitta Depner

Ihr glaubt

Ihr glaubt, dass nur ich allein
für Licht und Liebe vor den Toren
eurer Stadt herumlungere,
dass ich den Rücken des keuchenden Windes
mit meinen Flüchen peitsche und die Klagen
meines Verstoßenseins zum Himmel schreie:
Sind meine sechzehn Jahre denn nicht genug,
dass Ihr mich aufnehmt,
nicht genug, dass Ihr die Spinnweben der Erniedrigung
von meinem Kopf abreißt?

Wir sind viele, die außerhalb der Tore warten,
auf dass Ihr uns mit den Kupferpfennigen
Eures Vertrauens beschenkt!

Aus dem Ungarischen von Monika Rinck und Orsolya Kalász

Zigeunerzeile

Zwischen Lehmziegelhaufen verborgnes
Feuer läßt die Stille zurückschrecken:
in die Welt hinausgezogen die Geige, geschnitzt
aus Rosenholz, Frauen mit totenschwarzem Haar
zerkratzten ihr zuliebe die Gesichter,
ihre abgeschnittenen Brüste, für treulose
Nächte, brannten sie als Sterne
an die Stirn des Himmels, in der Mitternachtsstunde
stampften Drachen
durch die von Gesang rötliche Landschaft,
Wind kräuselte an den leuchtend weißen
Hemden der Wolken, dahin schwirrten
mit funkelnden Flügeln die Krähen,
auf dem Rücken durchgegangener Pferde grämte sich der Mond.
Geige aus Rosenholz, die Vergänglichkeit
hat deinen Gesang rücklings erdolcht, wohin bist du entschwunden,
in den Fenstern verkommener Hütten wachen, erwarten deine
Wiederkehr,
die Kerzen, hagere Winde peitschen an
den Bäumen, daß sie sich erinnern; man wird nicht vergessen,
wenn das Herz sich in Liedern ertränkte!

Aus dem Ungarischen von Imre Török

Die Stadt

Auf Betonbaum-Zweigen
flattern Neon-Vögel
mit Flügeln aus Glas.
Gassen kopfsteinpflaster-schrundig
kriechen dahin durchs Lärm-Dickicht,
schmuddlig die Staub-Kutte, vom Winde gebläht.
Hier leb ich. Himmelspleißendes Klirren
mein Kissen, ich kann nicht schlafen,
kehre zurück auf meine Wege, dort ziehn
Schatten mir voraus, es zucken ihre Lippen,
da die Eisen-Nägel der Zeit schroten die Zähne.
In Stein vergrab ich mich bis an die Herzenswurzel.
Über die Brust mir walzt mit Stichel-Lichtern
die Nacht, Neon-Vögel glasflüglig klapsen
die Augen mir auf, an Betonbaum-Zweige
bind ich mein Los.
Traurig bin ich:
aus Lächeln, aufgelesen von Gesichtern,
und aus Liebe, geborgen in der Augen Tiefe,
flocht ich noch keinen Blumenstrauß dem einen,
der mit dem Herzen, das in Sternenfeuer brennt,
Licht bringt in die Stadt.

Aus dem Ungarischen von Paul Karpati

Freiheit!

Freiheit, Du in Eisen gelegtes Versprechen,
vor unseren Augen verwelkst Du
in rost-sündigenden Ketten,
und sie wagen zu sagen, Du belebst unsere Herzen:
dass wir frei sind, das wagen sie zu sagen,
den verwaisten Vögeln, deren Kehlen vor Stummheit
verkohlt sind: vor uns, die wir die Seufzer des Daseins kennen,
das sich im Feuer der kerker-geübten Ideen reinigt.
Seit unserer Kindheit kennen wir die blumenbärtigen am Dorfausgang
sitzenden alten Männer: die Märchen der Friedhöfe
über den Wärter, der dieses in Asche watende Land in Ketten
erniedrigt, wir wissen: die schlechtgesagten Worte verflechten sich
zu Gittern und die Recken der Schlüssel treten die Perlenhecken
unserer Zähne aus, wenn wir etwas Falsches sagen,
unter unseren dreckigen Schuhen stöhnt der Tau, der Weg
ist noch nicht zuende: das Elend hat kein Ende und über die ersehnte
große Freiheit predigen nur die Söldner,
in den roten Tropfsteinhöhlen unserer Herzen hallt
das Stöhnen der Träume, die sich das Sausen
der Gummiknüppel teilen, aber die Qual
züchtet keine Demut in unseren Augen, nackt
stehen wir mit dem Gesicht zur Wand, das Blut,
das durch die Knochenschleusen unserer Rippen hechelt,
besprenkelt uns die Schamhaare. Gegenüber auf der Steinmauer
steht mit weißer Kreide: Wer um die Freiheit weint, verliert
das Leben.

Aus dem Ungarischen von Monika Rinck und Orsolya Kalász

Legende über die Liebe

So hat diese Sache begonnen. Die Sache
hat nämlich so begonnen, dass Gott unsere Träume
begleitete; Gott ist bei uns eingezogen, er ist
bei uns eingezogen, hat uns einen Palast hingestellt,
einen irreschönen Palast hat er uns gebaut, der Mensch

ist zu irrsinnig schönen Palästen fähig: Kathedralen
baut der Idiot, baut der schöne, verliebte Mensch,
eine Wiege und Kirchen baut er,
stellt sich Knospen vor und wenn der April beginnt,
wird er selbst zu Gott vereigentlicht.

Kälte sammelten die Äste der Bäume, Wind
durchfuhr unsere Knochen; rote kleine Öfen
brummten in uns und zwischen den um die
Universität herumknieenden Zwergeichen
versuchten die erhabenen Dunstwölkchen
aus unseren Gesichtern sich einen Weg
in die Höhe zu bahnen.

Wir hatten Laternen in der Hand; die Zwergwälder
riefen nach uns: Es hallte die Klage
der in Schnee und Laub nistenden Schneeglöckchen -
sie klarinettierten ein wenig. Obwohl wir schön waren,
und unter unseren Füßen kein Schneekristall einen
Mucks machte, richteten die Jäger mit Stoßzähnen
nacheinander ihre nach Schießpulver riechenden Stäbe auf uns.

Aus dem Ungarischen von Monika Rinck und Orsolya Kalász

Für meinen Vater

Vater, ich weiß, dass am Griff des Messers noch der Abdruck
Deines längeren Hungerfingers ist, den das Schicksal
darauf heftete.
Ich weiß auch, wenn ich die zwei unteren Saiten der Geige
anklingen lasse, wird Dein innigstes Lied in Richtung der leeren
Teller holpern,
weil die Musik Dich sattmachen soll.
Ein 18-jähriges Wrack bin ich, Vater.
Lahm und zigeunerisch muß ich meiner ungarischen
Heimat dienen.
Ich werde schwarz auf eine frischgekalkte Wand schreiben:
Die Sonne hat noch keinen Bettelstab
Ihre Strahlen sind noch nicht geflochten.
Müde durchstreift der Jammer Deine Musik.
Ein Künstler bist Du, Vater!
Langsam rinnt die Nacht durch unsere Fenster.
Blas das Licht der Lampe aus!
Damit sich unser Haus bis zum Rand mit Dunkelheit füllt.

Aus dem Ungarischen von Monika Rinck und Orsolya Kalász

Die Zigeuner wurden verschleppt

Die vielen Zigeuner wurden alle verschleppt,
um große Gruben zu graben.
Langsam vertieft sich der große Graben,
Wasser sprudelt aus dem Brunnen.

Arme Burschen, alle unser Schlag,
Gendarmen jagen – treiben – verfolgen sie,
erschlagen die Zurückbleibenden
mit Gewehrkolben.

Wozu der große Graben
der schwarze, grundlose?
Sie wissen es nicht, woher sollten sie es wissen,
von den Gendarmen werden sie es nie erfahren.

Wenn sie es wüßten,
wozu sie graben,
für sich selbst, und nicht für einen
anderen, für die Frauen und Kinder.

Am zweiten Tag nachmittags,
von dem Blut der Roma,
färbt sich das Blau des Himmels rot,
sie müssen für ihr Leben mit ihrem Blut büßen.

Den Tag, Ihr guten Brüder,
sollt Ihr nie vergessen!
Den dunklen Tag der Trauer,
den großen Trauertag des Zigeunertums.

Aus dem Ungarischen von Andrea Gyurkó
unter Mitarbeit von Cecile Gordon

GYULA HORVÁTH

Die Zigeunerkolonie

Diese Lehmhütten sind Friedhöfe,
hört Ihr Dörfer und Städte
auf das Sirenengeheul,
das Weinen der Mütter,
mein Fohlenherz schlägt wild,
gefesselt in meinem Körper.

Seit zwei Wochen habe ich nicht geweint,
wie die Zigeunermädchen
hocken hier die Büsche im Kreis,
zum Tanz führt sie der Windgesell,
ihr Rutenhaar fällt auseinander,
wie unser Schicksal.

Aus dem Ungarischen von Andrea Gyurkó
unter Mitarbeit von Cecile Gordon

JÓZSEF KOVÁCS HONTALAN

Europäer

nicht umarmt
sondern getötet werden
wie die Ereignisse geschehen

wie ich angefangen habe
so geht mein Schicksal
weiter

an den Rand gestoßen
weit vom ehrbaren Haus
wird mir kein Recht zuteil

immer und immer wieder
armselige Hütten des Geistes
Stall der Pestseuche

nur der unten ist
der muß büßen
der Tölpel und der Schächer

der Farbige
der in Wohnwagen lebende
Ungar

ich bin Europäer
der bespuckt und geschlagen
werden darf

Aus dem Ungarischen von Andrea Gyurkó
unter Mitarbeit von Cecile Gordon

GUSZTÁV NAGY

Metamorphose

Ich,
ein im Käfig eingeschlossener Vogel,
ein ins Joch gespanntes Pferd,
ein an die Kette gelegter Hund.
Wenn ich meine Augen aufmache,
sehe ich mich
frei,
aufbäumend,
zähnefletschend.

Aus dem Ungarischen von Andrea Gyurkó
unter Mitarbeit von Cecile Gordon

Ich

Ich hülle mein Ich
in den weißbefirnten Hauch
der Winternächte.
Leise, lautlos
folge ich
der abstürzenden Musik
der dicht fallenden Schneeflocken.
Der Kampf vergangener Abende und Neumonde
flimmert durch die Lache;
die Sünde, die Sehnsucht und der Verrat
spinnen vollkommene Leere
aus den Fäden meines Gehirns.
Durch die Netzhaut der stark geflochtenen Faser
drängen Melodie und Tonfunken kaum durch,
die aber aufflammend und das Ziel erreichend
zeigen, wo das Horn zu finden ist.
Mit seiner tausendfarbigen Stimme
könnte es die nüchterne Gottheit
meiner im winterlichen Schlaf
eingefrorenen Selbstachtung erwecken.

Aus dem Ungarischen von Andrea Gyurkó
unter Mitarbeit von Cecile Gordon

JÓZSEF RIGÓ

In Schnee gefallenes Gedicht

– Weiße Bettlaken breitet der Winter unter mir aus
ich beschmutze sie mit meinem schweren sündigen Tritt
und sie werden blutig
wenn ich meinen Kopf in die Unendlichkeit der Eisdecke
schlage
und verraten meinen Weg
wenn ich bis in meine Kindheit zurücktaumele
verliere ich alle Tropfen meines heissen Blutes
die ich noch in den roten Sommern gesammelt habe
ich verliere mich in etwas
was ich so nicht wollte
und seit wann und wie lange
züchtigen mich die Alten noch
wie lange bewerfen sie mich noch
mit Schnee Blut Dreck Vergangenheit –

Aus dem Ungarischen von Andrea Gyurkó
unter Mitarbeit von Cecile Gordon

Schwarzer Schmetterling

Irgendeine Schärfe brennt in der Luft,
irgendeine struppige Blume
mit scharfer Zunge
schaut durch das Fenster des Sinnenrausches.
Wie die schwarzen Windmotten der Nacht
fliegen deine Haare
und ich seufze
nach deiner, von meinem glühenden Hemd,
auf meine Hüfte fallenden Sternenhandfläche.
Jetzt rollt
die Dämmerung die Ebenholzperlen zwischen deine
Schenkel
und die Motten spinnen
Seufzer auf ihre Schwingen.

Aus dem Ungarischen von Andrea Gyurkó
unter Mitarbeit von Cecile Gordon

Paradiesische Träume

In den zeitlosen Nächten ausgebrannter Schicksale
jault die leere sorgenlose Welt.
Vor der glassplittrigen Peitsche der Mitternacht
im schwarzen Hirtenmantel huschen
die lerchenkehligen Tage davon.

Das Lachen kopfloser Dämonen knallt
im Mündungsfeuer des purpurnen Morgengrauen,
wo das Huschen nackter Sohlen
die lahme Stille zerstößt.
Im erschrockenen kornblumenblauen Feld
schwitzt der Tod für die von verwelkten Lungen
auf den Stein gespuckten Taler.

Für deine Blondheit

Solange ich von deiner Blondheit träume,
erwacht die schlummernde Hoffnung.
Einen anderen Duft,
einen anderen Geschmack,
eine andere Farbe malt das Herbstlicht.

Aus dem Ungarischen von Monika Rinck und Orsolya Kalász

Berechenbare Nüchternheit

Als ich kein Kind mehr war und nicht erwachsen,
schlug ich mit einem Ziegel einen Raben tot.
Ein Heulen drang aus seinem Schnabel,
bevor ich ihm den müden Kopf zerschlug,
dann ging ich durch verschneite Gassen.

Ich war bemüht, mit klarem Kopf zu töten,
von Grausamkeit war nicht die Spur,
ein klarer Geist wie dieser ist vonnöten,
wenn du in Schränken Ordnung schaffst
und Plunder fortwirfst, einen leeren Sack.

Den Mond starrte ich an in großer Kälte,
ich sah, alles hat Sinn, ist steif und starr.
Es war zur Zeit, als ich ein Mädchen wählte,
doch wusste ich, das diese junge Liebe
nicht glücklich wird, uns nicht bekommt.

Es verging Winter. Sommer. Oft war Frühling.
Jetzt wieder Winter und nun heule ich.
Zu Worten wurde dieser Ziegelstein.
Doch schlägt mir keiner meinen Schädel ein.

Aus dem Ungarischen von Clemens Prinz

Untermiete ... vielleicht endlich ...

Hier ist alles gut.
Der attraktive, wahrscheinlich schwule Briefträger nennt mich
beim Vornamen,
er verliert keine Briefe, fragt nicht, nur so viel, wie sein muss.
Will er seine Arbeit immer anständig erledigem,
auf höchstem Niveau,
muss er nun einmal wissen, ob die Frau, die ihm die Türe öffnet,
Ehefrau, Freundin
oder nur ein Gast ist, und mit göttlichem Gespür sagt er und weiß
nie mehr oder weniger als nötig ist. Ein wirklich vornehmer Herr.

Hier gibt es keinen Klatsch.
Unlängst ist mir Klári Katona[1] begegnet, beim Heraufgehen
auf der Treppe, sie war
müde, verärgert, dennoch ist sie auch heut noch elegant.
Der Keller des Hauses ist vermietet, dort ist ein kleiner Laden,
der in der Nacht oder am Tag
(das hab ich vorerst noch nicht herausgefunden) geöffnet ist,
die höfliche Mieterin streitet oft mit ihrem Mann, und im Laden
lebt ein
zerlumpter Säufer, der anscheinend mit ihr verwandt ist
(und gewiss,
gab es hier in der Nähe irgendwann einmal ein Wirtshaus,
sein Habitus, wie er den Kopf hält – wie
eine Sonnenblume, die Tag für Tag in der dämlichen
Abenddämmerung
nur an ihrem Sein ermüdet – ist der Beweis dafür –,
und passt nicht in diesen Nonstop-Laden), ja diese Gestalt,
die man nicht lieben kann,
versucht oft, die beiden aufeinander zu hetzen und es stimmt:
der Mann sieht wirklich um einen Deut besser aus und die
dickliche Frau

1 Eine in den 80-er Jahren überaus beliebte und erfolgreiche ungarische Schlagersängerin. (Anm. d. Übers.)

ist weniger schön, doch der Blick von allen dreien ist sanft
wie Kanada(s Seen).

In der Nähe wohnt mein einzig richtiger, sozusagen
Durchschnittsfreund.
Trete ich auf den Balkon (an der Ecke Linden- und
Mönchsstrasse), sehe ich
beide Strassen hinunter, in der von Bäumen belasteten
(Bäume haben in der Stadt nichts verloren), schöneren,
lebt er, ich seh seinen Balkon, wenn ich mich ein wenig übers
Geländer des meinen beuge.
(Sein Drahtlosinternet reicht nicht bis hier, deshalb muss ich
auch fürs Internet bezahlen.)

Piroschka, die Besitzerin der Wohnung
(oder die Mutter der Wohnungsbesitzerin), könnte jedermanns
Mutter sein,
sie ist feinfühlig, aufmerksam, schön und nachdenklich,
sie mag, das hat mich wirklich überrascht, Gedichte und liest
auch welche, meine
Gedichte, auch sie gefielen ihr und wortwörtlich sagte sie:
Das Erlebnis meiner Gedichte habe sie zur Lyrik zurückgeführt,
sie war wirklich dankbar für ihre vergessene und neue Katharsis,
und da
ihr Mann etwas von Wein versteht, bekam ich eine Flasche für
mein Gedicht.
Und Lampen zu meinem Geburtstag (eine Steh- und eine
Tischlampe), und sie entschuldigt
sich fast, wenn ich zahle, um bleiben zu dürfen,
sie belästigt mich nicht, sie droht nicht, sie stellt keine
Bedingungen, wie
echte Vermieter es tun, sie hat Angst um mich, vielleicht liebt
sie mich,
sie macht sich Sorgen und bietet oft an, bei diesen oder jenen
Dingen, bei denen ich wie Jonas im Bauch des Wals endgültig zu

verschwinden drohe:
mir zu helfen.

Auch István K. unterstützt mich (auch er versteht etwas
von Wein),
er bezahlt mir einen anerkannten, ausgefuchsten Rechtsanwalt.
Empört hat ihn das Gerichtsurteil (10 Monate Gefängnis,
bedingt auf zwei Jahre und dreihunderttausend Forint
Geldstrafe), das
ich für meinen Schrei, den ich vor drei Jahren beging (ich weiss,
was ich schreibe, das hier ist keine
Ungenauigkeit, kein Fehler im Vers, Herr Lektor oder teurer Leser)
bekommen habe:
ich war auf die Szabadság-Brücke geklettert, wer weiss warum,
vielleicht, um
fordern zu können (ich, fordern – ja gewiss: »bitten« kann man
doch heut nicht mehr)
dass sie meine davongelaufene (vor mir? Auch heut versteh ich es
noch nicht) Ehefrau
und meine zwei minderjährigen Kinder wiederfinden.
In der Tat stand deshalb anderthalb Stunden der Verkehr,
doch der Richter bestrafte mich, um generell abzuschrecken,
um ein Exempel zu statuieren,
viel strenger, als der Staatsanwalt es verlangte oder
vorgeschlagen hatte
(ich schäme mich fast, dass
ich mich nicht daran erinnere, obwohl es nicht einerlei ist,
für einen Dichter,
der sich nur im Gedicht selber liebt (sich hingibt, vergisst)
schon gar nicht,
einen Tag vor meinem 34. Geburtstag, und ich bin mir fast sicher,
dass in seiner Strenge ein wenig
von der Angst wegen der Oktoberunruhen und des nahen
15. März steckte.

Diese Untermiete verwöhnt mich, sie tröstet.
Die Duschkabine ist ganz geschlossen, aus Glasziegeln, blank,
am Duschkopf kann man mehrere Spritzprogramme einstellen
(fast gleicht er einer liebenden Frauenhand).
Nicht wie in der ersten, auch im Band Internat besungenen
Budapester Wohnung in der Molnárstrasse, obwohl auch die
(nur anders) ...
Judit Gervai war die Besitzerin jener Wohnung
(oder die Mutter der Besitzerin),
ihr Ex-Mann warVilmos Csányi, Verhaltensforscher
(seitdem lese ich seine Bücher,
und bekomme seine wissenschaftlichen Erkenntnisse kaum mehr
aus dem Kopf: Die Ablaufzeit
einer menschlichen Beziehung beträgt 12 Jahre; das beweist
auch sein Leben: nach dem 12.
Jahr zahlt es sich auf jeden Fall aus, eine neue Beziehung zu
beginnen und die alte aufzugeben).

Aus dem Ungarischen von Clemens Prinz

Worte

Leidensworte,
Schwefelworte,
Genworte,
Salzworte,
Feuerworte,
Sehnsuchtsworte,
Seinsworte,
Schlussworte.
Für versunkene,
vergessene,
getretene
Seelen,
die die Liebe
zu betteln zwang:
Erlaube mir,
ein trauriges Gebet
zu sprechen,
für meine Seele
wie auch
für die der anderen.

Aus dem Ungarischen von Monika Rinck und Orsolya Kalász

Die relative Stadt

Diese Stadt ist wie ein auf den Boden gepfeffertes
Spielzeug.
Seine unumkehrbare Vergangenheit ist abgelaufen.
Nur die Steine sprechen davon.
Ich weiß nie, was in ihr fehlt.
Wie stets spaziere ich in ihr
zwischen Tatsache und Behauptung.
Als wäre ein jeder ein zur Arbeit eilender Glöckner
der einen unter den Arm geklemmten Teller
fallen lässt.
Daher bin ich dem heimischen Schicksal gram:
Warum legte es Falten um die Augen
meiner Geliebten?
In kleinen Schlucken koste ich den Geschmack der Trauer
und schaue die ferne Sonne an:
Mit beiden Händen wischt der Rausch sie weg.

Aus dem Ungarischen von Monika Rinck und Orsolya Kalász

JUGOSLAWIEN

UND VORLÄUFER UND NACHFOLGESTAATEN

Sonett der Freude

Das Boccadoro-Haus: ein strahlend lichtes Reich.
Musik von Flöten und von Violinen,
voll Glut und Leidenschaft und dennoch fließend weich.
Oh süßes Menuett von Boccherini!

Du rührtest mich in deinem weißen Spitzenkleid,
du sahst mich an. Die Röte deiner Wangen
verbarg der Fächer nicht. Ein Tanz. Die Zierlichkeit
der kleinen Füße nährte mein Verlangen.

Den Dreispitz sittsam haltend an den Ecken,
und die Perücke, frisch gepudert, überm Haar –
dein Händchen küßten oft die schönen Gecken,

indess' von Flöten und von Violinen
gewebt ein Band der Liebe um uns beide war …
Oh, süßes Menuett von Boccherini!

Aus dem Kroatischen von Waldemar Dege

Reglos schaut der Schwan

Ich betrachtete einen Schwan
Als es dämmerte In der Ferne
Wurde er hell Seine Zeit ist vorbei
    Aber ich habe ein Mittel
Nageln werde ich ihn an die Planke
Die Flügel brechen Jetzt ist er schwarz geworden
Er weiß Ich kann ihm das nicht antun
Er täuscht sich gewaltig Als er mir mit
Seinem Entenschnabel
Zustimmung bedeutet
Ich habe Dich belogen mein Schwan
Mein Schwan o mein Schwan
Als ich die Planke erwähnte
Dachte ich an etwas anderes
für die letzten Tage
von Euch Riesenvögeln
Eine Wolke steht über Deinem
Kopf Den Du nicht bewegst

Aus dem Serbischen von Matthias Buchholz

Ohne Heim ohne Grab

Oh weh mir auf ewig
Oh mein Vater
Du ohne Grab
Wir ohne Haus
Daß wir vom Winde verweht werden
Und der Welt Müll sind

Wo sollen wir hin
Bis wo hin
Oh liebe Mutter
Auf welchen Stein soll ich treten
Woher dich rufen

Verschlossen ist uns der Himmel
Die Erde scheint öde
Ohne eine Menschenseele
Wo sollen wir hin
Wie weit noch

Der eine näher
Der andere ferner
Durch die Weglosigkeit des Daseins

Aus dem Serbokroatischen von Angela Richter

Die Morgendämmerung der Worte

Ich warte am Ufer des Flusses
Auf die Dämmerung der Worte
In der heiteren Landschaft der Selbstsucht
Taucht aus dem Wasser auf
Die Wurzel aus der Zahl drei
Um den Schein des Mondes
Kreist der schönste Fisch
Mißt den Weg zum Tode
Drei Strahlen des Mondes
In meinem Auge
Drei Falten auf meiner Stirn
Es dämmert das Wort
Man sieht den Weg zum Tode

Aus dem Serbischen von Oto Bihalji-Merin

Gebäre mich nicht

Auf jenem Hügel
Mähte der Vater Korn
Für andere
In jenem Lager
Kam die Mutter nieder
Verbrannte die Sonne die Erde

Hätte ich vor meiner Geburt
Nur die drei Wörter gewusst
Hätte ich gesagt
Gebäre mich nicht

Fürs Leid geschaffen
Für die Fron herangewachsen
Bin ich alt geworden
Erloschen

Wenn ich sterbe
Gebt den Blumen Wasser
Lasst das Gras wachsen

Wenn ich sterbe
Lasst die Pferde laufen
Sollen die Sterne meine Taube hüten
Ihr goldene Fische schenken

Wenn ich sterbe
vergießt keine Tränen
Lasst mich allein
Unterbrecht nicht meine Träume
Redet nicht über mich
Wenn ich sterbe

Aus dem Romanes von Mirjana und Klaus Wittmann

JOVAN NIKOLIĆ

Gast nirgendwoher

Ich bin sicher, da ist noch jemand,
er lebt in unserem Haus.

Er trinkt aus meinem Becher,
löscht unser Feuer und
stülpt unsere Träume um.

Auch jetzt spüre ich seinen Atem,
er sieht mir über die Schulter,
diktiert mir dieses Gedicht.

Wieso gluckst Wasser in den Wänden,
Woher die Federn
unter meinem Bett?

Jeden Tag spiegelt sich meine Angst
vor dem ungebetenen Gast
im Spiegel

und nimmt Gestalt an.

Aus dem Serbischen von Bärbel Schulte

Was tue ich

Was tue ich. Weglosigkeit.
Schreibe ein Gedicht.
Möchte den Herrscher nach einem anderen Einfall fragen.
Ob er zufrieden ist. Oder sich plagt.
Und nicht, was er tut. In der Kunst.
Er schrieb ein Gedicht.
Und erbricht.
Wo ist das Ende. Der Gabenspender.
Bin ich ertaubt.
Was bliebe nach mir übrig.

Es soll nichts übrigbleiben.

Aus dem Serbischen von Elke Schwarz-Mahmuti und Aslan Mahmuti

Ich wich noch nicht ab

Was passiert da nur? Ist das denn
allen klar? Ich hocke in der Bibliothek;
in der Faust ein Papierchen mit
Buchstaben. Kann ich irgendetwas
abschreiben? Denke ich
an meine verwüstete Vergangenheit? Der Mangel
am winzigen Papier
ist das Allumfassende. Und Angst
vor dem eigenwilligen Satz. Nichts
änderte sich wegen dieser
paar verlässlichen Buchstaben; daß
ich die Geschichte vergessen könnte, und
die gehakte Wange. Ich werde aufstehen
vom Stuhl, die Halle verlassen ohne
Widerhall; zum ersten Mal beginne ich
zu zittern?

Aus dem Serbischen von Elke Schwarz-Mahmuti und Aslan Mahmuti

Schwarz

Schwarz ist der Bauch,
aus dem ich heraustrat,
schwarz ist das Bild,
das ich zum ersten Mal sah,
schwarz ist die Erde,
auf der ich gehe,
schwarz sind die Fersen
vom langen Herumlungern,
schwarz ist der Schweiss,
der meinen Körper wäscht,
schwarz ist die Geschichte
von meinem Volk,
schwarz ist diese Welt
und seine Maske,
schwarz sind die Tage,
die ich nicht aufschreibe,
schwarz sind die Gedanken
vom schwarzen Waschen,
schwarz ist die Nacht
am schwarzen Zaun,
die zuliess, dass die schwarzen Krähen
den schwarzen Körper zerhacken.

Aus dem Romanes und dem Mazedonischen von Gérald Kurth

Sterne meiner Träume

Gäb es mich nicht,
hätt' ich auch Dich nicht,
hätte mich nicht,
hätte keine Zukunft,
kein weißes Pferd,
keine staubigen Straßen,
keine Lieder der Trauer und der Freude,
keine Kinder auf den dreckigen Straßen,
nicht die Alte mit den unvollendeten Märchen,
keine Sterne meiner Träume,
kein Feuer meiner Lieder
und nicht die Ballade meines Lebens.

Mein Leben

Meine Gesundheit schleicht aus dem Haus,
aus dem Haus, das mit Stroh gedeckt,
ohne Tür, ohne Fenster.
Wir spielen drin blinde Kuh,
mein Leben und ich.

Das Frühstück verschlingt das Abendbrot,
das Abendbrot verschlingt das Frühstück.
Ich weine, daß meine Gesundheit vergeht
und mein Leben weint, daß ich esse.

Wenn der Winter kommt
und die Stürme toben,
zittert mein kleines Haus,
bis der Schnee es umhüllt.
Ich und mein Leben weinen.
Wir rufen den Traum.

Aus dem Romanes

Die Zeit

Tropfen um Tropfen
löst sich die Zeit aus dem Schoße des Himmels,
sie schenkt Gift nach in unsre feingliedrigen Becher,
und im eigenen Rhythmus der Vielfalt webt sie Decken im Nu!

Tropfen um Tropfen
bringen Stalaktiten den Grotten ein milchiges Echo zur Gabe,
um der versteinerten Dunkelheit Minuten zu befruchten,
gleich einer als Kette sich reihenden Mahnung,
mitten im Lied von Nachtigallen.

Und nichts wird sie aufhalten,
weder Regenschirme aus zugeklappten Liebesdrähten,
noch ein stolzer Gedanke, der auf sich selbst verzichtet,
noch die Geburt, als verschwörerischer Anfang der
Vergänglichkeit.

Tropfen um Tropfen,
schon steigen die Flüsse des alltäglichen Trotts,
unsere Brücken reißen sie ein, doch gehen muss man
trotzdem noch
hin zu den unbekannten Ufern, die mit Wünschen
umrandet sind.

Tropfen um Tropfen,
ein Schauer der Furcht liegt über den Wesen,
die in der Flut flehend nach Halmen suchen,
während das klangvolle Licht die ewige Dunkelheit ankündigt.

Aus dem Serbischen von Ivana Arsenijević

Arm und reich

Mein Bruder kaufte ein Auto,
ich aber dichte und schreibe.
Mein Bruder telefoniert,
ich aber dichte und schreibe.
Mein Bruder hat TV und Video,
ich aber dichte und schreibe.
Mein Bruder baut ein neues Haus,
ich aber dichte und schreibe.
Mein Bruder lacht mich aus –
Ich aber dichte und schreibe.
Mein Bruder ist reich
und ich bin arm –
aber reich im Herzen.

Ich, Gott und die Schule
Ach könnte Gott
die Zeit zurückdrehen,
als ich ein kleiner Junge war,
als ich in die Schule ging
und nur zwei Klassen durchlief,
daß ich jetzt im Damals wäre!
Ich würde alle Schulen durcheilen,
wie ein Vogel aufsteigt aus der Tiefe
in die Ebene und hoch hinauf!

Aus dem Romanes

Ramayana

Uraltes Epos,
du erhellst unsere Augen,
auch die des Blinden, welcher nicht sieht,
und die des Hungernden, der ohne Brot dasitzt,
und die des Dürstenden, der kein Wasser findet,
du erleichterst ihr Herz.

Du göttliche Legende,

die du Honig aus deinem Mund fließen lässt,
und mich betrunken machtest auf den Straßen des Hungers.

Du Schöne,

die du dich in meine Träume flochtst,
wie in die Gürtel der Vorfahren.

Du Sonne,

die du meine Augen erhelltest,
dass ich, durch die Dunkelheit hindurch, sehe
wie unsere Tage lächeln.

Du Mutter,

die du mich geboren hast, dass ich lebe, wenn auch du lebst,
damit ich das sehe, was auch du siehst,
damit du mich das lehrst, was du weißt,
damit du die Wege aufzeigst, auf denen wir hierher
gekommen sind.
In meinem Mund trage ich,
was wir hierher mitgebracht haben,

drei Ströme,
Ganges, Yamuna und das Fliessen der Liebe in unseren Herzen.

Aus Kannauj wurden wir
mit unseren Augäpfeln,
den göttlichen Strophen, verjagt.
Sie wollten uns durch Hunger und Durst zerbrechen,
uns niederbeugen durch Kälte und Schnee,
wollten uns trennen vom Ramayana.

Ramayana,

du berühmter und machtvoller Name, du süßester Honig,
aus ferner Zeit hast du dich tief in unseren Herzen verborgen,
du symbolhafte Legende über das menschliche Leben.

Dich brachten

der Himmel, die Sterne, die Sonne,
das Firmament, das Paradies,
alle, die dich in ihrer Brust tragen.

Auch ich

beteuere, dass deine Milch,
die aus deinem göttlichen Mund strömte,
unseren Durst gestillt hat.

Und du

hast bei uns allen getrunken,
um dich gut zu verbergen
in unserem Herzen,

Ramayana.

Aus dem Romanes von Melitta Depner

CV 3

Ich wurde in Rumänien geboren.
In Rumänien fing ich mit der Schule an.
Wir zogen nach England.
Ich ging zur Schule in England.
Dann zogen wir nach Belgien.
Ich beendete die Schule in Belgien.
Ich bekam einen Job.

Mein Vater schlug mich.
Meine Mutter schlug mich.

Sie verheirateten mich. Gegen meinen Willen.
Wie es ihnen gefiel. Für Geld.

Er verkaufte Teppiche auf den Märkten.
Dann wurde ich schwanger.
Er begann mich zu schlagen.
Ich bekam mein erstes Kind.
Er schlug mich immer noch.
Er hielt mich von meinem Job ab, und ich verlor meinen Job.
Ich bekam mein zweites Kind.
Er schlug mich immer noch.
Er begann zu trinken und mit anderen Frauen zu gehen.
Er verkaufte keine Teppiche mehr auf den Märkten.
Er hatte eine andere Frau und Kind.
Er brachte sie in unser Haus, zu uns.

Ich bat meinen Vater und meine Mutter um Hilfe.
Sie halfen mir nicht.
Ich bat meine Freunde um Hilfe.
Sie halfen mir nicht.
Ich bat soziale Dienste um Hilfe.
Sie halfen mir nicht.

Ich begann mit meinen Kindern zu betteln, um die Straßen und Häuser.
Ich schämte mich. Aber ich hatte keine Wahl.
Ich bettelte mit meinen Kindern. Ganze Tage (von morgens bis nachts).
Ich bat um Hilfe.
Niemand half mir.
Gadze sagten: »Roma-Dinge, das ist ihr Brauch.«
Unsere Leute sagten: »Es muss so sein, das ist unser Brauch.«

Ich bettelte wieder.
Er folgte mir und schlug mich auf den Straßen. Er nahm das Geld,
für das ich gebettelt hatte.
Er trank und ging mit anderen Frauen.
Es war nicht genug, dass zwei von uns im Haus waren.

Ich lief mit meinen Kindern durch die Straßen, und ich bettelte.
Die Kinder weinten. Ich weinte auch.
Von Straße zu Straße, von Haus zu Haus, von Tür zu Tür.
Für ein bisschen Brot. Für ein bisschen Frieden.

Ein alter Gadzo Mann sah mich von seiner Tür aus mitfühlend an.
In meine Augen.
Ich schämte mich für mein Leben und meine Probleme.
Ein alter Gadzo Mann sah mich von seiner Tür aus mitfühlend an.
In meine Augen.
Ich schämte mich für das, was der andere Mann mir antat.

Niemand schlägt mich.
Ich studiere (neben meinem Job) Soziologie.
Ich helfe Frauen, und besonders meinen Roma Frauen.
Ich weiß, wie es ist, ich habe dieses Leben gelebt.

Niemand schlägt mich.
Ich lebe.

Aus dem Englischen von Boris Faltin und Ulrich Janetzki

Lieder von deinen Lippen

Blumen werde ich pflanzen
in die zertrampelte Erde
rings um meine Hütte.
Aus meinem zerbrochenen Fenster
wird mein Blick in die Ferne schweifen,
damit die Armut entflieht.
Ich werde Kerzen entzünden
und warten, dass du zu mir kommst.

Und du fliegst
in die Welt eines Wirren,
der unhörbar atmet
zwischen dem Keuchen der lauten Umgebung.
Du bringst die Klaviaturen an die Finger,
die Geigen an die Brust,
taubenetzte Saxophone
und rote Röcke.

In Stein verwandelst du mich
mit deiner Liebesmagie,
du verstreust auf mich
deine Wahrsagesprüche.
Partituren schreibst du
von meinem Leben
und von meiner Hütte,
meinem Palast, der mit mir lebendig ist,
und eines Tages
mit mir in Flammen aufgehen wird.[1]

1 Bei manchen Romagruppen wird beim Tod eines Menschen all sein Besitz verbrannt. Dieses Ritual scheint noch aus Indien zu stammen und dient der Reinigung. (Anm. d. Übers.)

Nach uns bleiben
nur die Spuren deiner Lieder
und der Hauch deiner Lippen.
Nach uns wird jemand
das Leben neu entdecken,
die Karikaturen unserer Existenz,
in der wir hinter den Hunden
und hinter den erschöpften Menschen
her kriechen ...

Aus dem Romanes von Melitta Depner

Antikapitalista

Wir sind nur am Kaufen und Kaufen wie bekloppt
Obwohl das Geld dafür fehlt, aber so sind die Menschen halt
Und dann möchtest du die neuen Nikes, weil jeder sie jetzt hat
Aber scheißt drauf, dass ein Kind irgendwo dafür schuftet
Häuser, teure Autos, du hast alles, was du möchtest
Aber trotzdem hast du nicht genug, weil zu viel kann man nie haben
In einem Staat, wo die Menschen ums Überleben kämpfen
Anderen ist es wichtiger, dass Belgrad unter Wasser steht
Wir nehmen Kredite auf, weil wir immer mehr wollen
Aber nur die Banken profitieren in diesem scheiß System
Das Fernsehen will uns sagen, was wir essen sollen und was nicht
Denn Werbung reicht vollkommen aus, um aus Menschen Zombies zu machen
McDonalds, Coca Cola, wir sind nur noch Marionetten
Denn sie wissen besser, was gut für uns ist
TV Pink und Blitz ficken unser Gehirn
Und wir glauben ihnen blind, ohne nach Beweisen zu fragen

Alle wollen teure Autos und ein 3-stöckiges Haus
Kredite aufnehmen auf nur 80 Raten
Ich kann stolz sagen, das ich das alles nicht brauche

Und schrei' deswegen laut Antikapitalista
(2 × wiederholt)

Aus dem Serbischen von Gipsy Mafia

Namen auf der Wand

Neue Apartmentgebäude waren gerade erbaut,
um 60 Romafamilien anzusiedeln.
Es dauerte nicht lang
bis man die ersten Namen
auf die hübsch dekorativen Wände geschrieben sah.

»Nedja, Peci, Bajra ...«,
Graffiti, Liebe, Herzen,
nackte Frauen und Skelette ...

auch war geschrieben: »Obama ist mein Bruder«
was mich denken ließ
Obama hätte einen Bruder in der Siedlung.

Überleben in Deutschland

Ragip ging nach Deutschland
suchte Asyl mit seiner Familie.

Konnte keinen Platz im Aufnahmelager bekommen
aber er baute ein Schutzzelt unter der Brücke
zusammen mit Hunderten von Menschen.

Es ist ein Dorf in Westdeutschland,
mit sehr wenigen Häusern,
der nächste Supermarkt ist vier Kilometer entfernt.

Ragip läßt seine Familie jeden dritten Tag allein
und geht in eine Dorfkirche,
bleibt dort eine Stunde
... lädt sein Mobiltelefon.

Aus dem Englischen von Wilfried Ihrig

Des Blattes Fall

Das Blatt fällt ab.
Fällt ab vor Gram.
Wird gewirbelt vom Wind
auf den Rost des Todes.
Die Luft pfeift im Blatt.
Das Blatt raschelt matt,
es zittert, wird fahl, und schwarz.
Eisregen gibt es der Erde zurück.
Es winselt und kriecht,
verkriecht sich schliesslich
unterm dunklen Stein.

Farbstrudel

Blau und rot im Kreis,
Die Sonne sinkt im Süden.
Urwälder sterben im Eis.
Der Mahr füllt sich mit Gram.
Grün und gelb im Kreis.
Alles ergiesst sich in Tönen.
Ich höre schwere Trauer.
Und sehe mich selbst im Kreis.

Aus dem Serbischen von Rajko Djurić

CSSR UND NACHFOLGE STAATEN

Roma Poet

Ich ging in tiefster Mitternacht
zu nachtschwarzer Stunde
über die Wiese
als die Sterne in die goldenen
Fußstapfen der Sonne traten
die dem Dichter
den Weg wiesen
dem Geläut des Waldes
dem Geflüster des kühlen Wassers
die dem Dichter
den Weg wiesen
wo Musik erklang
große Musik
die Symphonie der Wälder
die dem Dichter
den Weg wiesen
wo er zu singen beginnt
seinen brennenden Kummer heraussingt
und die Last seiner Steine
die dem Dichter
den Weg wiesen
wo die Minarette der Grashalme
polnische Gebete verkünden
die dem Dichter
den Weg wiesen
alles erzählt von IHM
unserem süßen Herrn

Nachdichtung von Gerhard Falkner
(Nach der Prosaübersetzung aus dem Romanes von Ruben Pellar)

Und ihr Lied ging durch die Nacht

Das Feuer brannte am Waldesrand,
traurig vertrieb sich das Mädchen,
den Hunger mit ihrem Lied,
ihre schwarzen Augen leuchteten schöner als das Feuer.

Ich sah sie bei diesem Feuer,
sah ihr schönes schwarzes Haar,
und als ich ihr Lied hörte,
wollte ich nur mehr für sie spielen.

Ach, wie sie tanzte und sang,
ihre Lieder drangen in mein Blut,
in meinem Herzen entbrannte
die große Liebe.

Das Feuer war schon lange verlöscht,
nur sie und ich, wir konnten nicht schlafen.
Aus meiner Hand hat sie gelesen,
dass nur bei ihr mein Glück zu finden sei.

Am Morgen gingen wir in die weite Welt,
trunken vor Liebe schliefen wir ein
und durch die Nacht drang ihr trauriges Lied.
Tief in meinem Herzen werde ich glücklich sein,
die Ketten der Gadje werde ich sprengen.

Am Morgen gingen wir in die weite Welt
und nachts brannte das Lagerfeuer.
Mit Feuer im Herzen und liebestrunken schliefen wir ein,
und ihr Lied drang durch die Nacht.

Als der Krieg auf die Welt fiel,
kamen böse Tage für die Roma,
der Zug brachte sie hinter den Stacheldraht,
viele Roma verloren ihr Leben.

Ihre Hand winkte mir,
mit Tränen war ihr Gesicht bedeckt.
Ihre Lippen sagten, ich gehe ins Lager,
und ich wollte nur für sie spielen.

Sie hat gesungen und getanzt,
vergeblich hab ich auf sie gewartet,
sie haben sie ins Gas gebracht,
unserem Glück ein Ende gemacht.
Nur ihr Lied drang durch die Nacht.

Aus dem Romanes

Komm mit mir

Komm mit mir, chajori[1], dorthin wo meine Mutter lebt,
bei uns zu Hause erzählen die Roma jeden Tag Geschichten.
Komm mit mir, hab keine Angst, ich werde dich nie verlassen,
ich werde dich nicht unglücklich machen, keine Schande
über dich bringen.
Wenn die Roma sehen, dass ich dich mit mir bringe,
werden sie sofort ihre Geigen stimmen.
Wir sind nicht arm, wenn wir keinen Platz zum Schlafen haben,
es steht ein alter Nussbaum in unserem Hof, mit grünen Blättern,
dort werde ich dein Bett bereiten, sobald die silberne Nacht
hereinbricht,
ich werde mein bestes Hemd unter dich legen.
Und wenn du frierst, werde ich den Himmel herabrufen.
Dich zuzudecken.
Wir werden nicht zum Pfarrer gehen,
unser süßer Gott wird uns verheiraten.
Wenn du mit mir gehst, wenn du mit mir lebst,
werden wir einander lieben wie die schwarze Erde das schwarze Brot.

1 Roma-Mädchen (Anm. d. Übers.)
Deutsch von Susanne Costa

Ich will sprechen

Ich will sprechen,
es ist niemand da, mit dem ich sprechen könnte,
ich will sehen,
es ist niemand hier, den ich ansehen könnte.
Wird jemand kommen,
den Weg zu öffnen?
Wird es Menschen geben,
die sich lieben?
Wird es ein Land geben,
wo man leben kann?

Deutsch von Susanne Costa

Ich hab mich lange vorbereitet

Ich hab mich lange vorbereitet. Dieses Jahr
hab lang geprüft die Winterwege.
Und bis zum letzten Stern
hab ich gewartet, vielleicht daß sie nicht kommen werden,
die Bäume brennend nur vorüber fliegen,
die Feuerblätter, die Kometenschweife,
die glühend heißen Schatten und die kalten Herzen.
Dann ließ ich Mücken Flügel wachsen
und sammelte die Vogelfedern auf.
Im Schnee nur rote Spuren: von Himbeeren
und Hagebutten, Dornen.
Bis zu dem Tal bin ich gewandert, da wo die Schlangen schlafen.
Und hatt' kein Lied zur Hand,
das sie zu einem Traum gebannt.

Ich trete in den Glutkreis meiner Tage

Ich trete in den Glutkreis meiner Tage,
seh ich den Horizont heraufziehen.
Um Mitternacht erhebt er sich wie eine Kerze,
und dann verneigt er sich, solang das Morgenrot aufflammt,
von einem Ufer bis zum anderen,
von deinem Blick bis hin zum Blicke gegenüber.

Du trägst das Herz, das fliegende, hinauf zum Berg
und pflanzt es ein, und niemand sieht die Blüte.
Nur wenn es reift, wird es zum Lied.
Du trägst es Tag für Tag hinauf zum Berg.

Aus dem Slowakischen von Waltraud Jähnichen

Dem Grase gewidmet (Innenduo)

So schmor ich hier – gedemütigt im Gras
bis zum letzten verirrten Gedanken.
Hoffnungsschwund rückt lautlos vor:
und Gras hüllt mich ein, überwächst mich,
überschlängelt mich mit reißenden Tentakeln,
mit dieser warmen keuchenden Urwüchsigkeit
hat es mich schon ...

Lange Wolkennacht ... dein Mund war
ein kleiner überfüllter Kahn, irrsinnige Blumen
purzelten übern Rand
und blühten maximal unterwegs,
nach dir durchsuchte ich die wallenden
Blumen, schob sie mit der Zunge beiseite,
und als mich jäh flüsternd ansprachen
schaurig konzentrierte kühle Hände,
daß mir das Knochenmark bebte –
vor Wollust? –
erblickte ich ein halb zugekniffnes Augenstück,
und auch einen riesigen massigen Zahn, dem entwuchsen
Schleier, sie schaukelten – war wohl wieder der Wind
mit im Spiel ... und der Zahn verwandelte sich
in einen gewaltigen Felsen,
das Meer brach sich wild aufgebäumt,
losgerissne Schleier reinlich flogen tief
überm Wasser, lösten sich auf
zu zartem Schaum ... so sanft weiß er manchmal zu kommen
der Tod ... der schleppende Tod ...
der Schöne ...

Und Gras hüllt mich ein, überwächst mich,
Mit dieser warmen keuchenden Urwüchsigkeit
hat es mich schon ...
Es kommen die Zigeuner.

Aus dem Slowakischen von Ute Raßloff

TAT'JANA LEHENOVÁ

Ich taste ihn bloß mit den Augen an

Wirklich:
aus Boschs Brutherden destilliertes
Gelächter - dabei ist es Mirós Leiter
gebohrt ins Firmament
und nebenan mondankläffend und heulend
ein kleiner komischer Hund.

In goldbrokatenen Reflexen der Spiegel
sinkt ins Nichts (wohin?) hinab
der einstige Tag … duftig - durch schleierartige Schatten.
Nüsse knack ich mit halb geschlossenen Augen:
verstohlen … fürcht ich mich …
Wie ein Vogel, der Krümel pickt in nackter
Menschennäh.

Wahnwitziges Lachen - Reinigungssolo
des Satanas? … Phantomlämpchen in erstarrten
Gesichtern, dämonisch durchsichtige Frau
tastet mit Fingern an seine Schenkel
nahe des Schritts: (der Zügellosigkeit
sind sie gleichgültig - ach …) spritzt
glücklich blutrünstig Brüllen - Reinigungssolo strömt aus …

Und die unbekannte bekannte irdische Hülle flüstert
lautlos für sich selbst: Was wißt ihr vom Licht?
Was wißt ihr von Einsamkeit, ihr Idioten?!

Hunderttausendmal. Wieder. Alle irdischen Hüllen.
Weiß ich doch.

Aus dem Slowakischen von Ute Raßloff

Geld ist kein Reichtum

Geld ist für alles nötig.
Für die Kleidung, um Essen zu kaufen,
um die Wohnung zu bezahlen ... Geld ist nötig,
jedoch nicht das Geld für die Sterilisierung.
Solches Geld macht uns leerer,
die Erde wird ärmer sein. Wenn wir nicht
weise Menschen sind, sind wir nicht
besser als die Nicht-Roma, sie werden es gut haben,
wir nicht, ihnen wird es besser gehen.
Sie gaben den Roma Wohnungen, sie
möchten sie uns jetzt in kahlen Notwohnungen
unterbringen. Für das Judasgeld
verkaufen die Romni die Möglichkeit,
Kinder zu haben, ihr Leben,
ihre Sterne, die warme, feurige
Sonne ... Nun öffneten
die Romni die Augen, begannen
auf die Ohren zu hören. Sie hoben das Haupt,
heute, nicht morgen. Sie wollen nicht
das Geld für die Sterilisierung,
obwohl sie um Nahrung betteln. Sie
suchen ein ehrliches Leben
mit warmem Herzen. Geld ist nicht
alles. Wer viel Geld hat, muss
nicht reich sein, muss nicht
glücklich sein! Der Ärmste ist
derjenige, der sich lässt
sterilisieren!

Aus dem Romanes von Ruben Pellar und Wilfried Ihrig

Tod – Lety

Kein Blättchen bewegt sich, auch der Wind weht nicht,
im Wäldchen wächst nur hohes Gras.
Ein schwarzes Vöglein singt ein Klagelied.
Da schlafen Romakinder, mit ihren Müttern und Vätern.
Die weissen Teufel in Menschengestalt ermordeten sie hier.
Stille herrscht, man hört nur die Schweine, wie sie vor
Hunger weinen.
Ihnen große Ehre, den Roma Tod.
Ich entzünde eine grosse Kerze, klopfe an jedermanns Herz.
Menschen, was ist mit ihnen geschehen?
Wo ist ihre Güte? Und Liebe?
Wenn ich ein Mensch bin, erweise mir Ehre,
wenn nicht, gib mir den Strick.
Ich bin ein Mensch, dein Strick um meinen Hals
erwürgt mich, lässt mich nicht leben.
Steh auf, Roma-Mutter,
mache ein grosses, grosses Feuer,
hebe dein schwarzes Haupt,
die Sonne gibt Wärme,
scheint auf unsere Wege, steh auf!
Zerschlage große Steine, deine schweren Eisen,
hebe die Hände zu Gott:
Sei Mensch, nicht Schwein!
Die Kinder schlafen, wollen nicht mehr essen.
Mein Herz ist schwer,
meine Seele weint und ich bin wütend.
Steh auf, Rom!
Vergiss nicht!

Aus dem Romanes von Ruben Pellar und Wilfried Ihrig

Jaaaaj, de …

Du nimmst sie in die Hände
und sie weint,
wimmert,
wenn du sie verflichst.
Wenn du
in ihren Haaren suchst
einen Akkord, ein Wort, einen Ton,
ein gezupftes Gefühl.
Trauer schüttest du aus
und schmerzende Finger
drückst du ihr noch tiefer in den Hals ein.
Auf verstimmte Weise eingestimmt,
die schönste Begleiterin
spielt statt dem schmerzhaften Halgató
ihren eigenen
Gitarrenblues.

Heute geh ich nicht schlafen

Nein, ich geh nicht schlafen.
In unserem Zimmer lasse ich weiterhin
die Pferde stampfen.
Und die Collage aus Gitarrensaiten,
Frühstücksei und Busfahrkarten
hänge ich durchs Fenster raus
wie eine Fahne
aus Berührungen zusammengenäht,
in der heutigen Windstille flatternd.

Aus dem Slowakischen von Veronika Patočková

Zusammen

Ich krakele nur so
auf ein Stück Papier.
Und male noch dazu
eine Ecke Klavier.
Kein anderes Wesen in meinem Traum ...
Das Klavier mit seinen Tönchen,
hat davon wohl Milliönchen!
Ich aber bin allein im Raum.
Doch einen Rahmen braucht das Bild,
mehr Stühle um den Tisch dann stehen.
Einsamkeit sei nicht unser Schild,
können wir doch miteinander gehen!

Aus dem Tschechischen von Silke Klein

RUMÄNIEN

Roma-Hymne

Hurra! Hurra! Wir rufen alle Hurra!

Die Stunde der Befreiung ist gekommen.
Und heute sind alle Roma hier eingetroffen.
Versammelt unter der heiligen Flagge der Erlösung,
An die sie für alle Ewigkeit gebunden sein werden.
Alle unsere Roma unter ihrem Schild
Verbunden durch das heilige Bündnis.
Nicht einmal vor dem Tod werden sie weichen,
Nie werden sie ihre Freiheit aufgeben

Dem König unsere Treue schwören wir.
Die Heimat zu verteidigen, ist unser Ziel.
Eltern, Schwestern, Brüder, wir wollen sie alle
Schützen vor jeder unterdrückenden Welle.
Stolz wollen wir auf uns sein,
Und unseren Ahnen Ehre geben.

Aus dem Rumänischen von Carmen-Francesca Banciu

Über den Klang hinaus

Ich schreite über den Klang hinaus
Über den Nebel,
Der das Raunen des Baches verschleiert.

Ich spiele eine neue Note
In dem Stamm einer alten Buche,
Ich sammle Farne gemeinsam mit den Bären,
Die mir Gesellschaft leisten.
Ich laufe auf einem Pfad
Nur mir bekannt.
Und folge meinen Schritten
Die meinen Rhythmus
        Zu Dir führen,
        Meine Liebste,

Ich schreite über uns hinaus,
Den Kuss zu umarmen.
Aus ihrem Versteck hinter den Bäumen
Erreichen mich
Schatten geheimnisvoller
Rufe.

Ich schreite über mich hinaus,
Um zu betrachten
Das Schweigen
Die Stille der Stille, die wacht in den Träumen und Träumereien.

Aus dem Rumänischen von Carmen-Francesca Banciu

Der Jahrmarkt und die Messe sind eröffnet

Der Jahrmarkt und die Messe sind eröffnet, Riesenradau
Das Leben hat sich verändert, und wir Brüder auch
Wir sind nicht mehr Kommunisten, gebrochen ist der Bann
Jetzt sind wir Kapitalisten, Vivat auf die neue Regierung,
die ist jetzt dran.
Wir haben uns alle privatisiert, wir alle sind jetzt Herrn,
Die Arbeit machen andere, wir sind jetzt Unternehmer.
Auf den Märkten Colentina, Ghencea und Titan,
Kommen Leute aus aller Welt, häufen schnell Moos an.
Wer seine Ware loskriegt, den hat das Glück geküsst,
Wer sie kauft, mein lieber Mann, der hat Pech gehabt.
Wie in Amerika, mein Lieber, kaufen kannst hier alles,
Ob in Lei oder in Dollar, nur gepfeffert ist der Preis.
Nähert euch, ihr lieben Leut, hier Jeans, auch Anzug hier,
Luxusware aus Istanbul, kommt und kauft bei mir
Ami-Fluppen, Bubblegum und Überraschungsei,
Bananen, Schokolade, hab nur 'nen Koffer noch dabei.
Wer hungrig ist, mein lieber Gott, geht schnell zu »mititei«
Zum Grill von Parpálea, da ist ein »mic« nur fünfzig Lei.
Gleich danach zu der Säftica, dort kannst du dich erlaben
Mit Brifcor-Limonade, Pepsi kühl, so lass es dir gut gehen.
Danach kommt gleich zu mir vorbei, kauft euch den Ghettoblaster,
Mein Preis ist günstig selbst für Arme, die habn nicht so viel Zaster,
Bruderherz, du kannst nicht so über die Schwelle gehen,
bevor du die Kassette kaufst mit Neluţă Neagu, eben.
Und solltet ihr die nicht mehr kriegen, die mit dem Neagu Neluţă
Dann, meine Güte, kauft Catanga oder besser Angheluţă.
Die singen euch, mein lieber Schwan, so dass das Herz erquickt,
Selbst wenn ihr Sorgen habt, dann seid ihr immer noch beglückt.
Möget ihr Demokratie, wie sie im Buche steht, erstreben,
Ein Hoch, ihr Leute, auf Rumänien, in Freiheit sollt ihr heute
alle leben!

Aus dem Rumänischen von Carmen-Francesca Banciu

Stilleben

Auf dem Tisch Blumen, ein verdorrter Apfel,
Drei Bücher und ein schwarzer Schatten
Draußen ist es weiß, Schnee, sanft
Beginnt flockig zu fallen

Als ob der Himmel dabei sei
Auf die Welt zu stürzen,
Tiefdunkel von oben, nach unten Gefälle
Zum Abgrund in mir

Ich will nach oben steigen, und rutsche immer tiefer
In die finsteren Grotten des Wesens
Ein Kampf entsteht im »heiligen« Blut
Das fließt in meinen Sinnen

Besiegt, bin ich mein Sieger
Und selbst trag ich das Kreuz
Der Worte, Grundstein
Meines Tempels, meines Altars,

Wo unschuldig die Hoffnung
Bereits anfing zu schneien
Jahre über meiner Stirn
Ermüdet, vom Verstehen

Aus dem Rumänischen von Carmen-Francesca Banciu

Das gleiche Uhrwerk

Niemand weiß es
Niemand sieht es
Niemand hört
Wie in meiner Seele
Das Jahrhundert vorbeizieht
Und wie es klopft
Mit dem Finger
An die Tür
Des dritten Jahrtausends
Niemand erlaubt dem Augenblick
Zufällig an ihm vorbeizuziehen

Neben ihm
Pulsieren sie alle im Leben
Wie der Samen in der Erde
Wie der Tropfen im Meer
Alle auf ihre gewisse Weise

Aus dem Rumänischen von Carmen-Francesca Banciu

Die Märtyrer von Temeswar

An einem schönen Tag im Winter,
Mit Frauen, Männern, Mädchen und Buben,
Was glaubt ihr, Brüder, was sie wollten?
Ceauşescu stürzen.

Es kamen Tanketten, Panzer und Leute der Sekuritate,
Sie begannen auf uns zu schießen, Bruder.
Alle Leute schrien: »Nieder mit Ceauşescus Anhängern!«
Die Glocken läuteten in der Kathedrale.

Über Treppen der Kathedrale kamen wir,
Unseren Gott zu bitten
Auf Knien mit allen anderen,
Dass er die Alten, die Kinder, die Jugendlichen schütze!

Es gab viele tote Menschen:
Buben, Mädchen, Frauen und noch mehr Männer.
Warum? Sie wollten Freiheit.
Sie öffneten die Brust – »Schießt dorthin«!

Ich bin ein Rom von dort – aus Temeswar
Und auf vieles bin ich stolz
Denn bei uns entzündete sich der Funke.
Und in einer schönen Stadt bin ich geboren!

Auch ich befand mich auf den Barrikaden
Mit Kollegen von »Motoru«
Und selbst als wir sahen wie eine Mutter, ein Vater gestorben sind,
Schrien wir alle: »Nieder mit dem Verräter!«

Wir hörten auf einmal oberhalb von uns,
Dass die gute Nachricht angekündigt wurde,
Dass der Tyrann und jene geflohen seien;
Es gelang ihnen nicht, denn sie wurden ergriffen!

P.S.
Jetzt, da wir freie Menschen sind,
Kommt Brüder, ran an die Arbeit,
Damit auch wir zu Achtung und Ehre gelangen,
Zur Wertschätzung der Roma!

Aus dem Romanes von Mozes F. Heinschink

Gruselig

Die Kette ist eng, mein Bein schmerzt
Die Zelle ist klein und es stinkt
Die Handschelle drückt meine Sehne
Meine Kraft nimmt ab, ich bin erschöpft.

In der kalten Zelle, bei schwachem Licht
Fließt das Wasser die Wände hinab
Ich bin unglücklich, mein Leben vergeht
Ohne Sinn ziehen meine Jahre vorbei

Kälte und Schmerz haben meine Knochen durchdrungen
Schmutz und Hunger tun das ihre
Ich ringe mit dem Leben, lass mich nicht besiegen
Ich habe ja noch Hoffnung und sterben werd ich nicht.

Verflucht sei Mutter, warum hat sie mich geboren
Um Schmerz, Hunger, Folter zu erdulden
Besser wär's gewesen, mich gleich zu erwürgen
Leid und Schmerz hätte sie mir damit erspart

Schwer vergeht die Zeit hier in der Isolation
Wenn ich in Ketten liege, wie ein Ochse gebunden
Sie sagen, es hilft dir bei der Resozialisation
Um die Tat zu bereuen, und nicht mehr gezeichnet zu sein

Aber es erniedrigt dich, macht aus dir ein Wrack
Warst du ein guter Mann, so wird aus dir ein Tier
Weil zu viel Knast wie Gift wirkt
Es zerstört dich mit Sicherheit und dein Leben wird kurz.

Die zweite Jugend erlebe ich jetzt
Ich bin ein kranker Mann ohne Penunze
Mein Leben ist vorbei, geliebt hab ich es nicht,
Und ich bin wie ein Hund, der die Sterne anbellt

Mein Bein tut weh, meine Kette drückt,
Meine Gefängniszelle ist klein, und es stinkt
Die dicke Schelle drückt mir die Sehne
Meine Kräfte schwinden, ich bin erschöpft.

Aus dem Rumänischen von Carmen-Francesca Banciu

Autonasulie[1]

In einer Hölle lebe ich
Mit Dieben und Ganoven
Es ist schrecklich, wenn ich schaue
Auf den Müll und auf die Ratten.

Ihr wollt meinen Plan wissen:
Ich habe kein Vermögen im Haus
wie Topîrceanu, der Dichter sagt:
Kein Weib und keine Maus.

Eine Spinne, anwesend
Webt ihr Netz
Ich betrachte sie, abwesend
Aus der Kehle der Hunger verschwindet nicht

Ich versuche mein Schicksal zu vergessen
Aber kaum etwas verlockt mich
Alles ist sinnentleert
Unzufrieden lebe ich.

Meine Jahre wurden vergeudet
Mit dem Trugbild der Liebe
Ich wurde von niemandem geliebt
Eher gilt das Gegenteil

Ich habe des Lebens Schwere mit mir getragen
Ich schleppte meinen Mühlenstein
Wie der Esel im Nebel
Wenn er spürt, er wird bald sterben

1 Unübersetzbarer Neologismus des Autors, etwa: Eigennot, Selbstgemachtes Unglück (Anm. d. Übers.)
Aus dem Rumänischen von Carmen-Francesca Banciu

Wege

Meine Füße in Erde begraben,
warte ich, dass die Bäume brennen
bis in das Herz des Waldes.
Ich fürchte mich, die Wege zu gehen,
um bloß nicht die Augen zu zertreten,
die da unten
zwischen unseren verlorenen Tagen schlafen.
Unsere Frauen stehen abseits der Wege und weinen:
ihre Zöpfe gelöst.
Ich fürchte mich, die Wege zu gehen,
um bloß nicht die Toten zu hören,
die dort oben, in den verlassenen Zelten geblieben sind.
Die Roma ziehen auf den Wegen:
eins, zwei, drei ... viele ...
mit blutleeren Herzen.
Meine Hände in Wasser begraben,
warte ich, dass der Schnee stirbt.

Aus dem Rumänischen von Carmen-Francesca Banciu

Blindheit

Ihr, die ihr nicht sehen könnt,
lasst uns suchen,
wo unsere Wasser sind:
von welcher Erde,
von welcher Sonne,
von welchem Mond ...
Schämt euch! Sagte der alte Mann:
Weint jetzt nicht!
Schaut: wie fern das Feuer ist!
Mein Herz voller Tränen versteht,
warum wir unser Glück verloren haben:
zu viele Geister unter uns ...
Kann ich ...?
Ich weiß nicht, was ich hier suche:
Lass mich nach Hause gehen,
und das Tor meiner Grossmutter küssen.

Aus dem Rumänischen von Carmen-Francesca Banciu

Glaube

Vergebt mir, meine Brüder:
es ist zu kalt dort
und alle verlangen, dass ich singe ...
Bist du krank? Was fehlt dir?
Ich habe nichts!
Ich hebe den Pokal der Ehre
und trinke daraus.
Ich habe gewählt:
mir meine Zöpfe nicht abschneiden zu lassen.
Vergebt mir, meine Schwestern:
es ist zu heiss hier
und alle verlangen, dass ich tanze ...
Bist du krank? Was fehlt dir?
Ich habe nichts!
Mein Blut ist blind:
Niemand ist befleckt hier.

Aus dem Rumänischen von Carmen-Francesca Banciu

BULGARIEN

DIMITER GOLEMANOV

Aufgerichtet steht der Stein

Aufgerichtet steht der Stein und starrt voll Zorn,
im Fluch die Fäuste geballt.
Tief drinnen eine unsichtbare Stimme,
die sich müht, daß ein Lied erklingt.

Die Straßen, auf denen wir noch fahren,
warten darauf, es zu hören.
Die Roma warten auf das Zeichen
zusammen mit ihren Pferden.

Aber sie sind still, alle schlafen.
Unsere Brüder liegen inmitten der Blumen
und niemand weiß, wer sie sind,
niemand, auf welcher Straße die Opfer fielen.

Still, Roma! Laßt sie schlafen
unter den Blumen.
Bleibt stehen, Roma! Mögen
all unsere Kinder so stark sein wie sie.

Aus dem Englischen von Astrid Stegelmann

Geboren bin ich …

Geboren bin ich in den alten Lagern,
wo der Roma Stimme lärmend gellt
und sie im Lied des Monds einander Sagen
erzählen über eine heile Welt.

Geboren bin ich unter Trauerweiden
bei Beli Vit auf einem freien Feld,
wo Gram und Kummer in die Herzen schneiden
und jeder Mehlsack Hunger nur enthält.

Geboren bin ich – es war Herbst, an einem
der finstren Nebeltage, so am Wegesrand,
wo Not und Kinder eng umschlungen weinen
und Kummertau von Wimpern fällt aufs Land.

Geboren bin ich – Mutter aber, sie verschied.
Da hat mein Vater mich in einen Bach getaucht.
Das machte mich gesund bis in das letzte Glied
und dass das Blut in meinen Adern rauscht.

Aus dem Bulgarischen von Thomas Frahm

Vergrabene Jahre

Glockenklang steht mir nicht zu ...
Ein Stern steht mir nicht zu ...
Nur ein Echo ...
Ganz kurz. Mit dem Dolch gepiekst!
Nein, mein Blut wird nicht fließen –
nicht ein Tropfen ...
Kein Laut wird ertönen,
aber eine Stichflamme wird's geben!
Vergrabene Jahre –
zwischen Türmchen aus Sand
eine aufgeweichte Fahrkarte
und Nudelsuppe ...
Ein Kristall aus schwindsüchtigem Achat!
Couplets aus Intrigen und anderer Prosa ...
Leuchtende Körper
und Nachttischlampen!
Balance! ... Eine Bilanz?!
Muss ich denn Bestandteil eines Meteors sein?!

Aus dem Bulgarischen von Thomas Frahm

Hellseher

Spiegel, du – nächstes Wunder aller Wunder,
dreist verfolgst du die Wege der Tränen,
die Spurrillen der Falten, eingekerbt
nicht von der Axt der Weisheit, sondern von Wunden,
schicksalhaften Wunden. Debatten, Glücksbringer,
magere Zuhälter eines unwürdigen Lebens ...

Die Masten der Schiffe in dunkler Iris ...
Wunden .. Träume ... Brodelnde Fiesta-Fluida.
Mahagonimeer, warum schreist du nicht laut hinaus
all deine Schmerzen ins gespiegelte Gesicht
und besprenkelst ihn mit Figuren aus Kaffeesatz?

Vielleicht zeigt der einen Weg, einen uralten Pfad ...
Stillt den Durst nach dem ersehnten Glück –
PSI-Phänomen, alles sehender Hellseher ...
Kenner der Kunst ... Schütze!

Hellseher ... Fortgeher ...

Nein, die Karten- und die Kaffeesatz-Leserinnen
haben dir längst die letzte Kopeke abgeluchst,
jeden Euro, Dollar, Lev ...

Haben sich Marihuana gekauft vom Markt des langsamen Todes ...
Reklame für ihre ewigen Gier-Gewinne!
Gegen dein wortloses Schweigen, gegen höllisches Vergnügen ...
Verbirg dein Wissen, Hellseher!
Dein Alphabet – eine erbärmliche Geißel ...

Aus dem Bulgarischen von Thomas Frahm

CHRISTO CHRISTOV

Gottes Kinder

Unbarmherzig weht der Wind,
wirbelt die Blätter herum:
Der Himmel zerspritzt in Tropfen,
um still zu beweinen die Nachricht.

Tot reihn sich die Jahreszeiten,
eine mehr als die andere,
die nächste mehr als die andere,
immer schlechter ...
Einige von uns betteln ungestüm,
andere sterben einfach ...

Das Herz springt manchmal
im Galopp zu dieser bitteren Nachricht,
es beben schwere Donner
und du weißt nicht: wer diese Nacht ...

Im kalten Zimmer hungrig
schlafen Gottes Kinder ein.
Ihre Väter schichten aufs Neue
Gottes Feuer auf, ohne Holz.

Aus dem Bulgarischen von Thomas Frahm

Wenn jeder Grashalm ein Mensch wäre

Wenn jeder Grashalm ein Mensch wäre,
und ein Zigeuner dazu ...
Wenn jede Frühlingsblume ein Mensch wäre,
und ein Zigeuner dazu ...
Wenn jeder Dachziegel ein Mensch wäre,
und ein Zigeuner dazu ..
Dann würde ich einen Staat ausrufen -
der Dichter
in dem das Recht zu herrschen hätten
nur sie: die Getreuen
der Liebe.

Aus dem Bulgarischen von Thomas Frahm

Die Blumen gehen

In den Vernichtungslagern der Nazis
wurden über 600.000 Roma verbrannt.
(Angaben des Nürnberger Prozesses)

1.
Setzen wir uns auf den Stein am Wegesrand.
Stopfen wir die Pfeifen mit Tabak.
Hören wir das unvollendete Lied
der Holzwagen.
Gebadet in Sternenstaub,
werden unsere Augen das Dunkel durchstechen,
die Sonne befreien
und der Weg wird uns eine Quelle suchen ...
Sie kommen! Hörst du? Sie kommen!
Mit den Kleidern, dem Regenbogen geklaut,
und mit der Erde verschmelzen sie.
Wäre da nicht der Klang der Musik,
könntest du denken:
da gehen Blumen.

2.
Wohin gehen sie, so geblendet?
Der Sonnenaufgang täuscht sie.
Der Wind trägt die gelbe Pest herbei
und streichelt sie, wie Treulose, so zärtlich.
Kommt mein Ruf zu spät,
der übers Gleis gleitet?
Ich, der Geiger, ich geh nach Paris
und spiel dort aus Gram Berlioz.
In der ersten Klasse reisen Psychopathen!
Täusche ich dich oder nicht:
Ich sah eine Dame,
deren Fächer mit Kinderhaut bespannt war.
Öffne nicht überstürzt das Fenster.
Noch ein Schritt, und ab in den Bunker.
Erstklassige Seife.

Wird die Herrenrasse mit ihr
ihre Ehrwürde rein waschen?

3.
Guten Tag, Papa!
Guten Tag, Leute!
Bin ich es, dem das Schicksal Augen gab
mit den Blicken eines Ziehkinds?
Es ist eine Sache, seine leibliche Mutter zu kennen,
aber etwas ganz anderes, dir
die Erde unter den nackten Füßen zu nehmen.
Ihr Dürstende nach eurem Sommermorgen,
haltet mal 'ne Minute die Luft an.
Die Wurzel der Sippe verfault,
sinkt auf den Grund der Finsternis.
Nicht mal eine Legende fällt mir da noch ein.

4.
Wer hat die Enden des Fadens zerrissen?
Sechshunderttausend Augenpaare,
sechshunderttausend Herzen,
analphabetische,
weggeworfene,
gebrandmarkte,
vereinsamt
in dieser öden
Theatervorstellung *Europa* ...

5.
Gleise durchqueren die Erde.
Nein, das ist nicht die Komposition deines Lieds,
Mädchen – chejríe!
Das ist die Auferstehung einer Hölle,
vor der sogar Dantes Fantasie versagt!

6.
Drei Reihen Stacheldraht.
Drei Reihen Stacheldraht.
Welch geometrische Präzision!
Wie die Saiten meiner Geige,
so gespannt.
Drei Reihen Stacheldraht.
Das europäische, eben geschlüpfte Stereogenie
mit der verdorbenen Disziplin
erschrickt vor meiner Musik.
Die aber fliegt auf zum Himmel,
erschreckt auch Gott, der sich vom
Hakenkreuz löst und fällt.
Was für eine Unbeständigkeit!
Bis gestern – die Welt im Kniefall,
heute verschluckt sie sich
an Mordbefehlen.

7.
Sechshunderttausend Paar Hände.
Sechshunderttausend Herzen.
Sechshundertausend Augenpaare.
Einige denken, das sei Ungeziefer.
Andere – humaner –,
schwarze Pferde
für schwarze Arbeit.
Die Sümpfe von Belarus singen noch immer:
»Für mich etwa dunkelt's? Für mich wird es hell?«
Die Steinbrüche von Auschwitz geben heute kein Echo.
Nur Kettchen – blaue Schmucksteine –
erinnern: Hier war Leben.

8.
Setzen wir uns auf den Stein am Wegesrand.
Stopfen wir die Pfeifen mit Tabak.
Hören wir das unvollendete Lied der
Holzwagen ...

Aus dem Bulgarischen von Thomas Frahm

Der Mond streckt wie ein Bettler

Der Mond streckt wie ein Bettler
im Dunkeln verfrorene Hände aus.
Doch wer vorbeigeht, grinst nur blöde.
Ich nehm ihn mit, geb ihm zu essen ...

Die Bäume knirschen mit den Zähnen –
so böse peitscht der Wind die ungeschützten.
Sterne mit den Augen hungriger Wölfe
habe ich an Weihnachten noch nie gesehen.

Ikonen beweinen ihre Tage,
das Ewige Licht geht aus im Nu.
Wandre dich satt auf dieser Welt,
dass auch im Grab es dir nicht eng wird.

Ich möchte gern ein Brunnen sein,
durch den die Jahre ewig plätschern.
Und schlägt ein Wort dir eine Wunde,
dann trink aus mir, und sie wird heil!

Aus dem Bulgarischen von Thomas Frahm

Nahmen mir das Messer

Nahmen mir das Messer,
hielten mich hungrig –
ich starb nicht.
Nahmen mir Pferd und Wagen –
ich weinte nicht.
Zerschlugen mir die Geige,
wollten mir meine Lieder nehmen ...
Machten mich so wütend,
dass ich weglief.

Aus dem Bulgarischen von Thomas Frahm

MIHAIL PETROV

Wen soll ich fragen?

Ich frage meinen Vater,
auch Mutter frage ich:
»Woher kommen die Roma?«
Sie sagen mir:
»Frag die Alten!«
Auch den Großvater,
die Großmutter frag ich:
»Woher kommen die Roma?«
Sie sagen mir:
»Von Gott kommen sie
und aus weiter Ferne.
Auf staubigen Wegen
sind sie gewandert.
Nicht vor Wind,
nicht vor Wetter
fürchteten sie sich.
Ihr Land haben sie verloren.
Was für ein Schicksal!«

Aus dem Bulgarischen von Thomas Frahm

Irrenhaus für Zigeuner

Sie zerrupften unsere Seelen
in kleine Stückchen.
Jedem von uns
ordneten sie an, zu träumen
rosarote Träume.
Dann krochen wir
unmerklich
der falschen Fürsorge zu Füßen,
die uns so dressierte,
dass sie uns für immer das Denken nahm ...
Dort aber,
auf dem Weg,
auf dem die Begegnung mit unserer Zukunft sein wird,
lassen wir,
Bestien beinahe,
es nicht zu,
dass auch nur einer von uns
dem Hunger von der Schrippe springt.
Die Dompteure
kichern hinter unseren Rücken.
Mit den versilberten Schecks
ihrer erdachten Fakten
trinken sie Whisky.
Sie sind zufrieden,
am Steuer zu stehen
unserer geheimen,
rätselhaften Vergangenheit.

Wir aber
belauern uns noch immer –
wie die Irren, die
sich Orden stehlen
und Verdienste gleich dazu:
Einer erwacht
jeden Morgen als Stalin,

ein andrer als Zar,
ein dritter als Shakespeare ...
Doch am Morgen kommen sie wieder.
Untersuchen uns
und stellen uns eine Diagnose.
Sie heilen uns so,
dass ihre Kinder
auch noch heilen können -
unsere Kinder ...

Aus dem Bulgarischen von Thomas Frahm

Die Fischer

Mit Abstand eins vom anderen
eins vom anderen
weiß ihre Hemden.
Die Ruder schaukeln,
ihre Einsamkeit
ruft in den Fischen klatschend Schwärme herbei,[1]
weit weg in Erinnerungen an den Strand.
In der Unermesslichkeit salziger Liebkosungen
blitzt die Angel auf
und misst
die Entfernung zum Köder.

1 Kein Übersetzungsfehler. So steht es im Text: als ob die Fische sich an die Schwärme erinnern … (Anm. d. Übers.)

Aus dem Bulgarischen von Thomas Frahm

He, Bruder

He, Bruder,
sie salutieren mir schon –
so, wie du's geträumt hast.

Von weitem schon sehn sie,
ich komm auf sie zu.
Ihre Miene verfinstert sich,
sie machen ihren Gang, ihre Kleider zurecht,
putzen sich den Mund ab,
hören auf zu kauen,
ihre Kinder mit Klapsen zu erziehen ...

Ja, Bruder,
sie salutieren.
Sie lassen alles stehen und liegen,
nehmen den Arm hoch,
die Beine unter die Arme,
alles im Schlepptau, entschlüpfen sie
mitsamt ihrer Schlüpfer, o
tschuldige, ist mir so rausgerutscht ...
So ist es recht,
so soll es sein,
sagen die guten Jungs
und sondern sich ab von den Ihren,
ziehn die Hosenträger fest,
die Riemen, die Schnüre,
rubbeln sich den Schnee aus dem Haar,
oho, tipptop auf der Höhe sind sie.
So ist es recht,
und ich bin der Staat,
verstehste, eh, Bruder:
Ich geb hier das Kommando –
deine Nase,

deine Augen, deine Beine ...
Ich herrsch über sie.

Und mein Arm fährt
nach vorn und nach oben!
Wie ich marschiere - ein wahrer Recke ...
Ich verströme Macht ...
Nein, lach nicht,
du träumst nicht, Bruder,
oh, ich hab auf das Kind getreten?

He, Bruder,
ich lerne auch salutieren.

Aus dem Bulgarischen von Thomas Frahm

UDSSR UND NACHFOLGESTAATEN

Auf der Anklagebank

Auf der Anklagebank damals weinte ich sehr,
was sollte ich tun vor Gericht?
Wie ein Holzklotz wurde ich steif und schwer,
zu sprechen wagte ich nicht.

Priester, Richter und Grundbesitzer
verboten mit Worten, mit scharfen,
mir den Einwand: »Ich bin kein Pferdebetrüger,
ich bin kein Dieb«, und sie sie warfen

mich in den kaiserlichen Knast,
und stellten mir Wächter ans Tor.
Ich wurde von Bitterkeit erfasst,
mir fehlten der Wald und die Flur.

Warum hieb ein auf meinen Kopf
der beleibte und satte Gendarm?
Weil ich ein Waldmensch, ohne Essen im Topf,
weil ich schäbig gekleidet und arm.

Wir haben nirgends Haus oder Güter,
noch Boden. Uns ist nichts gegeben.
Wir haben nichts als hungrige Brüder,
ein Lied inspiriert uns zu leben.

Mir gibt man die Schuld, dass unsere Ahnen
verloren Häuser und Grund,
doch auf ihrer weiten Reise aus Indien
rieben bittere Jahre sie wund.

Durch Europa später, wo Herrscher regierten,
zogen die Roma dann Tag und Nacht,
als Nomaden waren sie preisgegeben
dem Unheil und Hunger, dem Missbrauch der Macht.

In der Sowjetunion endlich, einer besseren Welt,
konnten die Roma Atem schöpfen.
Die Sowjetmacht holte sie vom Feld,
und machte neue Roma aus ihnen.

Aus dem Romanes von Melitta Depner

Der Winter

Heute stand ich auf und sah:
alles weiß, voll Schnee die Bäume.
Konnt's kaum glauben. Fern und nah
neu das Land, als ob ich träume.

Weiß gemalt hat diese Nacht
Straßen, Häuser, Wald und Hecke,
die, wie Ansichtskarten-Pracht,
ruhen unter weißer Decke.

Aus dem Romanes von Melitta Depner

Er tauschte mit Bauern Pferde

Er tauschte mit Bauern Pferde,
sein Zelt stand am Waldesrand,
die Frau ging in die Häuser,
las den Leuten aus der Hand.

Vom Dorfe brachte sie Essen,
er war s a t t für die heutige Nacht,
das Eintauschen eines Hengstes
hatte großen Profit ihm gebracht.

Am Morgen war nichts geblieben,
vor Hunger weinte das Kind.
Unwetter, Kälte und Regen,
das Zelt zerrissen vom Wind!

Im Dorf darf er sich nicht mehr zeigen,
von Polizei und Bauern gejagt:
Sein verkauftes Pferd hatte Makel,
seine Frau hatte Lügen gesagt.

Doch diese Lebensweise
saß dem Burschen im Genick,
die Angst vor ewigem Hunger,
vor ständigem Missgeschick.

Die Wiesen und die Wälder,
die Zelte gab er auf,
sein ganzes altes Leben.
Die Kolchose nahm ihn auf.

Aus dem Romanes von Melitta Depner

NIKOLAI SATKEVIČ

Ich breche auf, mein Glück zu suchen

Die Wälder rauschen,
die Winde tanzen,
es singen die Blumen
und das seidene Gras.

Mein Pferd ist schon alt,
mein Wagen zerbrochen,
verrottet mein Zelt
vom endlosen Regen.

Dieses wölfische Leben
verschlang mein Herz!
Nun verlass' ich den Wald
mein Glück zu suchen.

Aus dem Romanes von Melitta Depner

Steht auf, Zigeuner!

Steht auf, steht auf,
    alle ihr Zigeuner, steht auf!
Es ist Zeit, vom Schlaf sich zu erheben.
Gebt, gebt,
    die Hände gebt euch,
einer dem andern!
    Haltet zusammen!

Man kann nicht, man kann nicht
    auf diese Weise leben.
Auf diese Weise werdet ihr nicht viel erreichen.
Bewahrt, bewahrt
    das gute Zigeunertum!
Mit dem guten Zigeunertum werdet ihr niemals sterben.

Vorwärts, vorwärts,
    Zigeuner, geht alle!
Lernt von den Gadsche,
    aber bleibt Zigeuner.
Und wenn, und wenn
    ihr gebildet seid, –
werdet ihr kräftige Männer sein!

Ihr alle, ihr alle,
    nehmt die Bücher in die Hand.
Lauft, lauft
    in die Schule!
Dort, dort
    werdet ihr finden Macht und Glück
und die Arznei, die alle Unglücklichen rettet.

Es leben, es leben
    rund um die Welt Zigeuner,
und allerorten stehen sie auf.
Sucht, sucht
    die Bahnen zu ihnen!
Und wenn ihr sie findet,
    werdet ihr viele Brüder sein!

Liebt, liebt,
    liebt einander!
Lebt wie Bruder mit Bruder,
    Schwester mit Schwester!

In der Einheit,
in der Brüderlichkeit
und in der Arbeit
    werden wir das gute Zigeunertum bewahren.

Aus dem Romanes

Unsere Sprache

Natarajah, der Herr des Tanzes
gab unseren alten Vätern
dort im Tal, wo der Indus fließt,
die Laute, das von den Zigeunern geliebte Instrument.
Viele Saiten sind aus Gold,
und alle anderen darauf aus Silber,
und alle singen wie im Sanskrit,
aber man hört aus der Melodie des Liedes
einige persische oder armenische Wörter
und die griechischen höre ich heraus,
und dann die walachischen Wörter.
Da gibt es ungarische und slawische ...
aber alle diese fremden Wörter
vereinigen sich in der Sprache der Brahmanen.
In der Sprache, dem einzigen Reichtum
unseres Lebens.
Deshalb bewahrt sie, vergeßt sie nicht,
Für unsere Kinder bewahrt sie!

Aus dem Romanes und dem Italienischen von Thomas Benedikter, Ramona Gruberi, Anna Unterkircher und Laura Bortolotti

Romani, die Sprache der Roma

Der verstorbenen Roma Erbe nennen
»Romani« – die Roma, Gadsche, ein jeder.
Schon kleine Kinder lernen kennen
von der Mutter Lippen die Sprache der Väter.

Ist Romani auch arm an Worten,
kann alles man damit erfassen.
Doch hält es offen seine Pforten,
auch Gadschewörter einzulassen.

Soll der Sprache Wert erhalten bleiben,
müssen die Kinder zur Schule gehen,
dass Roma-Literatur sie schreiben,
und alle besser sich verstehen.

Aus dem Romanes von Melitta Depner

Die Linde am Asinovskoer Weg

neben dem schönen See bei Witebsk

Eine alte Linde steht neben dem See,
weit sichtbar von allen Seiten.
Auf ihre Krone fällt Regen und Schnee;
Gezwitscher zu Sommerzeiten.

Die Sonne von oben herunter blickt
und wärmt das Gras ihr zu Füßen.
Leute gehen vorüber, sie nickt,
als wolle sie diese grüßen.

Viele der Menschen sind lange schon tot,
die einstmals unter ihr saßen,
ob Roma, ob Gadsche, sie teilten ihr Brot,
das sie gemeinsam dort aßen.

Die Wurzeln reichen bis tief in die Erde,
wo sie wie Füße sich breiten.
Dort war ein jeder dem andern Gefährte,
mit Blüten heilte sie Leiden.

Der Lebenskampf machte sie stark und groß,
sie fürchtet nicht Sturm oder Blitze.
Mir ist, als teilt sie der Roma Los
in Frost und Regen und Hitze.

Aus dem Romanes von Melitta Depner

Ich trage andere Kleider

Mein Leben scheint zufriedenstellend,
mein Leben scheint voll Überfluss.
Wir kamen in die Fertigblocks,
die überfüllt von Menschen waren.
Doch sehen wir
wie dieses Jahr man Wiesen mäht?
Wie Roma-Jungs
die Hengste zum Beschlagen führen?

Schon als ich jung war
wünschte ich wie alle
mit meinem Pferd voranzustürmen wie der Wind,
egal ob Regen peitschte,
ob weißer Schnee vom Himmel fiel in meinen Nacken,
ob Tag, ob Nacht – wohin ist diese Zeit entschwunden?

Da gab es Wälder, gab es kaltes Wasser.
Verstehen kann ich jetzt die alten Leute:
Auch meine Seele ist erkrankt – nach den verflossnen Tagen,
denn die Natur mag einen Menschen nicht, der vor ihr flieht.

Nun sitz ich gut gekleidet
zwischen Mauern,
doch meine Freiheit ist dahin.
Ich mag es warm,
ich fahre gern im Auto,
ich trage einen Mantel,
zum Anzug eine passende Krawatte,
nach Pferden frage ich nicht mehr.
Ich will kein anderes Leben.

He, Roma, lärmt nicht mit den Pferden neben meinem Haus!
Zieht weiter! Reitet fort,
und quält nicht meine Seele und mein Herz!
Oder lauf ich ihnen nach ...?

Nur zittere ich am ganzen Körper.
Sobald ich mich von meiner Aktentasche löse,
hält mich mein dunkler Anzug fest ...

Aus dem Romanes von Melitta Depner

Ode an das zwanzigste Jahrhundert

Zwanzigstes Jahrhundert,
Was hieltest du auf Lager für die traurigen Roma?
Brachtest du die Sonne in unsere dunklen Leben?
Trocknetest du die Tränen aus den Augen unserer Frauen?
Erhelltest du unsere Lieder und Tänze mit Freude?

Zwanzigstes Jahrhundert: hör unseren Liedern zu.
Kannst du durch die Töne hören
Wie unsere Herzen in Tränen ertränkt wurden?
Schau unsere Tänze an:
Die Schritte unserer Frauen mögen leicht wie die eines
Vogels scheinen,
aber in Wahrheit versuchen sie
eine bittere Last abzuwerfen

von ihren schmerzenden Schultern.

Diese Last bist du,
zwanzigstes Jahrhundert,
und die Trauer die du brachtest
in jedes unserer Leben.

Aus dem Englischen von Boris Faltin und Ulrich Janetzki

Die Romanisprache aus fernem Land

In weiter Ferne ihr Ursprung, in vielen Ländern verbreitet:
der Roma gesegnete Sprache, »Romani« lautet ihr Name.
Auf dem langen Weg aus Indien sog auf sie viele Worte,
als die Roma durch Länder zogen, dort rasteten oder verblieben.

Was kann ich euch sagen, Kinder, ich bin kein Sprachexperte,
noch bin ich alt und weise, und habe kein großes Wissen,
doch lernte und hörte ich manches, und machte mir eigne Gedanken.
So lauscht nun, was gewesen, und wie mein Herz es verstanden.

Als Kind schon hörte ich Vater in unserer Sprache reden,
sie sickerte in mein Gedächtnis und drang mir tief in die Seele.
Doch als ich Russland besuchte, traf ich auf andere Roma
mit einer fremden Sprache, die ich nur schwer erfasste …

S o spricht man in Moldawien, und s o in der Ukraine:
verschieden die Dialekte, man versteht sich nur mit Mühe.
Wenn Roma für längere Dauer inmitten von Gadsche lebten,
übernahmen sie manche Worte aus der Sprache der
Landesbewohner.

Es war eine lange Reise für unsere alten Ahnen,
Gott schickte und zerstreute die Roma in viele Länder.
Jahrhunderte währte das Wandern und brachte den Roma Elend,
sie flüchteten sich in die Berge, in tiefe Wälder und Steppen.

Wenn Klänge unserer Sprache, die mündlich nur tradiert ist,
an euer Ohr nun treffen, dann tut, wie ich euch rate:
Sucht die Worte zu begreifen, prägt ein sie dem Gedächtnis,
und ehrt die alten Roma, die ihre Sprache bewahrten.

Es ist ein großer Segen, wenn Roma zusammenkommen,
aus nahen und fernen Ländern, und feiern gemeinsam und froh,
wenn Lovara, Kalderasch-Roma, dazu Bergitka, Rusitka,
Krymurya, Placuny und Servy, und finnische Kalé,

auch Sinti und Dzaty, und Travellers, die Gurbet-Roma, die Arlie,
die walachischen Roma vom Balkan, am Feuer sitzen im Kreis,
wenn die vielen Brüder und Schwestern vergnügt dann essen
und trinken,
und suchen sich zu verstehen ... und lauschen des Nachbarn Wort.

Dann sitzen sie Schulter an Schulter, mit Worten wie plätscherndes
Wasser,
das zum Fluss strömt, oder zum Brunnen, zu fernen Seen und Meeren.
Wort um Wort fließt so zusammen, und bildet ein Buch mit Wörtern,
das Buch der Romanisprache, die auf der Reise verschollen.

Aus dem Romanes von Melitta Depner

Nicht entdeckt in diesem Leben

Nicht entdeckt in diesem Leben,
Was mein Herz begehrt.
Selbst das Pferd, mir treu ergeben,
Steht da, ausgezehrt.

Lass das Pferd in Freiheit schreiten,
Geh in Einsamkeit
Über ungepflügte Weiten,
Freud sei's oder Leid.

Wieviel Weg ist mir geblieben:
Biegt er ab zuvor,
Schaff das kleine Stück hinüber,
Raste vor dem Tor.

Bitter zähl die früh'ren Tage,
(Das Gedächtnis ruft).
Auf dem Kerbholz meiner Lage
Kein Gewinn verbucht.

Öffnet mir das Tor der Hüter,
Weiss ich, es ist Zeit.
Nicht wie gestern reich begütert
Steht der Tisch bereit.

Kommt der Fährmann, ohne Worte
Führt er mich zum Kahn.
Schwämmt der Styx an seine Pforten
Jedes Schicksal an.

Lande, auf dem andren Ufer,
In der Unterwelt.
Hätt's mir nicht herbeigerufen,
Wenn's mir auch gefällt.

Treff ich doch die Freunde wieder,
Teufel, hol uns all!
Unsrer freien Romalieder
Ewig währt der Schall!

Aus dem Russischen von Irina Bondas

Ich bin ein Sünder

Ich bin ein Sünder, bin ein großer Sünder,
der eine unsichtbare Grenze überging.
Kopfloser Reiter bin ich, Schurke, Büßer,
der sich in Wimpernböen blind verfing.

Es will nicht heilen und es will nicht enden
das Auf und Ab der glückliche Moment
mein Schmerz legt seine Lippen an den Regen
in der Gitarrensaite schwingt er mit

Erklingt als Lied, als schrille Stimme,
aus Schwaden des Vergangenen steigt Gram …
Dann presse ich die Hände an die Schläfen,
gefangen in Gedanken an die Scham.

Ich bin ein Sünder, bin eine großer Sünder,
im Saal des Gestern sitz ich still.
Die Sünde drückt … Kann es was Schlimmeres geben?
Ich richte strenger, als ich selber will.

Aus dem Ukrainischen von Claudia Dathe

Paganini

Vor ausverkauftem Haus tritt Paganini auf.
Da sieht er plötzlich: alle Saiten sind zerrissen.
Nur eine ganz. Maestro lässt den Fingern freien Lauf,
So dass es niemand merkt, der Saal ist hingerissen!

Die Romasprache ist nicht reich an Worten.
Für tausend russische – bei uns ein Wort.
Und willst Du schreibend Dich in Poesie verorten,
An Paganini denken wirst Du immerfort.

Aus dem Russischen von Irina Bondas

Frag Gott

Frag Gott, woher die Tränen
von früh bis spät.
Was schlecht, was gut wir wähnen,
kommt und geht.

Es zerrinnen finstere Nächte,
doch du wirst alt.
Das Gute wie das Schlechte,
macht nicht Halt.

Ganz ohne Furcht

Ganz ohne Furcht isst aus der Hand
die Liebe. – Wie verstehst du nicht?
Und wir verlieren den Verstand.
Das Herz hüpft wie ein Vogelküken,
selbst wenn die Rippen darauf drücken.

Aus dem Romanes von Melitta Depner

SA

Se bella giu satore

Se bella giu satore
Je notre so cafore
Je notre si cafore
Je la tu la ti la twah.

La spinash o la bouchon
Cigaretto portobello
Si rakish spaghaletto
Ti la tu la ti la twah.

Senora pilasina
Voulez-vous le taximeter?
Le sionta su la sita
Tu la tu la tu la wa.

Sa montia si l'amore
La sontia supre core
La sontcha com sore
Je la possa ti la twah.

Je notre so la mine
Je notre so can sine
Je le se tro sa vite
Je le tassa ti la twah.

Se motre so la sonta
Chi vossa l'otra volta
Li soscha si catota
Tra la la la la la la.

Transkription von Marion Bergner und Wilfried Ihrig

JACK MICHELINE

Die Trebe dauert jetzt schon viel zu lang

Die Trebe dauert jetzt schon viel zu lang
Meine Angst wird immer älter
Mein Körper ist gerädert
Mein Kopf total durcheinander
Ich trinke, um zu vergessen
Die Zeit tickt in den Wänden

Soll ich mir vielleicht ein MG besorgen
und die Bourgeoisie umnieten?
Nein.
Soll ich mir eine gute Frau angeln
und einen guten Job, und sonntags
in die Kirche gehn?
Nein.

Vielleicht den Großen
Amerikanischen Roman schreiben?
Geschenkt.
Vielleicht einen gebrauchten Fallschirm
erstehen und damit abspringen?
Nein.

Ich geh jetzt raus und vertrete mir
die Beine und lache, daß sich die Balken biegen.
Es ist Vollmond.
Ich werde mit dem Mond reden,
werde tanzen
mit den Gerippen auf dem Friedhof.

Aus dem Englischen von Carl Weissner

die schwarzen schafe

nach einer beerdigung sagte jemand zu mir
du weisst ich sehe dich nur auf beerdigungen
es waren 3 seit juni –
fünf seit juni für mich.
er sagte ich habe mir ein versprechen gegeben –
ich gehe nur zu totenparties wenn ich jemand gekannt habe
bevor sie krank wurden.
warum?
weil – weil – weil ich fühle ich fühle mich so
traurig weil ich niemals ihre leben kannte
und jetzt kenne ich nur ihre tode
und weil wir mitglieder
der familie der schwarzen schafe sind.

wir sind schafe ohne schäfer
wir sind schafe ohne linie und ohne beschränkung
wir sind schafe ohne weide
wir sind schafe die den gefährlichen pfad durch
das gebirge genommen haben
um auf die andere seite unserer seelen zu kommen.
wir sind die schwarzen schafe der familie
namens schwarze schafsleute.
wir sagen immer was wir denken.
    würdigen kulturelle unterschiede
    glauben an sexuelle vorlieben
    glauben an keinen rassismus
    keinen sexismus
    keinen religionismus
und wir werden für das kämpfen woran wir glauben
aber gewöhnlich sind wir heiden.
es gibt immer eins in jeder familie.
selbst wenn wir mit körpern umgeben sind
sind wir immer allein.
du wirst allein geboren
und du stirbst allein –

geschrieben von einem schwarzen schaf.
du kannst es nicht mit dir nehmen –
geschrieben von einem früheren schwarzen schaf.

schwarze schafsleute sehen anders als ihre familien –
auf die art wie wir die welt sehen.
wir sind eine eigenart der natur –
eine eigenart des schicksals.
unsere familie, unsere stadt,
unser land versteht uns gewöhnlich nicht –
wir wissen dies seit wir ganz jung waren
dass wir nicht dazu bestimmt waren verstanden zu werden.
das ist richtig. das ist unser job.
gewöhnlich werden wir nicht gewürdigt vor der nächsten
generation.
das ist unser leben. das ist unsere geschichte.
gewöhnlich sind wir ausgestossene, aussenseiter in unserer
eigenen familie.
macht nichts – hab mich d'ran gewöhnt.
meine schwester sagt – ich versteh dich nicht!
aber ich habe viele schwestern mit mir heute nacht.
mein bruder sagt – ich möchte dich nicht!
aber ich habe viele brüder mit mir heute nacht!
meine mutter sagt – ich weiss nicht wie ich jemanden lieben soll
wie dich!
du bist ganz anders als die anderen!
aber ich habe viele mamas mit mir heute nacht!
mein vater sagt – ich weiss nicht wie ich dich halten soll!
aber ich habe viele papas mit mir heute nacht!
wir sind verwandt mit menschen die wir lieben und die nicht
sagen können
ich liebe dich schwarze schafs-tochter
ich liebe dich schwarzer schafs-sohn
ich liebe dich ausgestossenen, ich liebe dich aussenseiter.
aber heute nacht lieben wir uns

deshalb sind wir hier –
um unter unseresgleichen zu sein
damit es weniger wehtut.
in unserer welt, unserem tempel der differenz
bin ich am einsamsten wenn ich etwas feiern muss
und versuche es mit denen zu teilen die ich liebe
die mich nicht zurücklieben.
es ist immer schweigen am andern ende
des telefons.
es ist immer schweigen am andern ende
des telefons.

schwester – gratuliere mir!
NEIN ICH KANN NICHT DU BIST ZU LAUT –
grossmutter – liebe mich!
NEIN ICH WEISS NICHT WIE ICH JEMAND LIEBEN SOLL
WIE DICH
manchmal ist das schwarze schaf eine wahrsagerin,
eine hellseherin, etwas wie ein zauberkünstler.
schwarze schafe sehen das unsichtbare –
wir lesen des andern gedanken –
wir fühlen furcht und hass.

manchmal werden einige schafe erwählt um krank zu sein
    um sie endlich durchschnittlich zu haben, flach,
                    damit langweilige leute sagen können
    ich liebe dich.
manchmal werden schwarze schafe erwählt um krank zu sein
    damit familien endlich zusammenkommen können und sagen
    ich liebe dich.
manchmal werden einige schwarze schafe erwählt um zu sterben
    damit geliebte und familien endlich sagen können
    dein leben war wert gelebt zu werden
    dein leben hat mir etwas bedeutet!
die bestimmungen der schwarzen schafe bestehen nicht
                    notwendigerweise darin familien zu haben,
vorgeschriebene existenzen zu haben –

wie der amerikanische traum.

die bestimmungen der schwarzen schafe sind dem leben
bedeutung zu geben
engel zu sein
gewissen zu sein
alpträume zu sein
akteure in träumen zu sein.

schwarze schafe können familie für fremde sein
wir können einander lieben wie MUTTER
VATER SCHWESTER BRUDER KIND
wir können universelle liebe verstehen
wir können bedingungslose liebe verstehen.
wir empfinden eine einzigartige verantwortung
eine menschliche verantwortung, für gefühle für andere.
wir können alle dinge für alle menschen sein
wir sind da um 3 h 30 nachts wenn du anrufst
wir sind hier heute nacht weil ich nicht schlafengehen kann.
ich kann sonst nirgends hingehen.
ich bin eine kreatur der nacht –
ich reise in deine träume –
ich fühle deine alpträume –

wir sind deine haltende hand
wir sind dein kissen, dein empfänger,
dein knuddeliges spielzeug.
ich fühle deinen schmerz.
ich wollte ich könnte dich von deinem leiden erlösen.
ich wollte ich könnte dich von deinem schmerz erlösen.
ich wollte ich könnte dich von deiner bestimmung erlösen.
ich wollte ich könnte dich von deinem schicksal erlösen.
ich wollte ich könnte dich von deiner krankheit erlösen.
ich wollte ich könnte dich von deinem leben erlösen.
ich wollte ich könnte dich von deinem körper erlösen.
ich wollte ich könnte dich von deinem tod erlösen.

aber es ist immer
schweigen am andern ende des telefons.
schweigen am andern ende des telefons.
schweigen am andern ende des telefons.
schweigen

Aus dem Englischen von Wilfried Ihrig

Geschichte ist schön

Ich bin Vachel Lindsay
Ich bin Charles Baudelaire
Ich bin Arthur Rimbaud
Ich bin Walt Whitman
Ich bin Federico Garcia Lorca
Ich bin Guillaume Apollinaire
Ich bin Francois Villon
Ich bin Bob Kaufman
Ich bin Langston Hughes
Ich bin Vladimir Majakovski
Ich bin Jack Micheline

Aus dem Englischen von Wilfried Ihrig

Grün, gelb, blau, rot sind die Farben meines Volkes

Grün sind die Weiden, Wiesen und der riesige Wald,
Stengel der Blumen und schimmernde Blätter
auf den stolzen tapferen Bäumen, die an die Sonne rühren,
die garstigen Winde überleben, Blitze und Stürme.
Grün ist mein Bett und kühler Schatten
an einem heißen Sommertag,
weiches Gras, wo ich meinen Kopf hinlege.
Grün schmecken Äpfel und Birnen
und das Aroma des Frühlings.
Grün ist, wo die Vögel singen
und wo ich geboren wurde
und beerdigt sein werde.

Gelb sind die Zwirne der Sonne,
die Tapisserie des Landes bestickend
und wilde Löwenzahnblüten wie Goldnuggets
entlang der Straße verteilt,
wo Kinder rennen und sie eifrig einsammeln
als kostbaren Schatz.
Gelb ist der Vollmond, der Licht wirft
auf die dunklen, mystischen, samtenen Traumnächte.

Blau
Blau ist meine Seele,
wenn ich dein Lied weinen höre,
die göttliche Tiefe,
der Himmel, der sich spiegelt in den Wassern von Seen
und Teichen,
wo stumme Schwimmer
gefangen werden mit blossen Händen als Nahrung,
die klaren Ströme, die nichts kosten,
die unseren Durst nach Leben, nach Freiheit stillen.
Blau sind meine Adern
und durch sie fliesst ein roter Fluss:
Blut, das uns verbindet.

Rot wirbelt in meinem Kopf,
Hügel voller Trauben und Weinkeller
und süsse Fässer
und Dünste von tiefer roter betrunkener Melancholie.
Rot ist die Hitze, die Wärme von knackendem Feuer,
der Geruch von kochendem Essen,
das brennende Licht,
das lichte Rot funkelt in grauen Aschen
und die ewigen Flammen
von Verlangen, Leidenschaft, Hingabe und Liebe.
Grün, Gelb, Blau und Rot:
Dies sind die Farben meines Volkes.

Aus dem Englischen von Dagmara Kraus

wieder fällt die stadt in mein herz

wieder fällt die stadt
in mein herz
ein schwarz-weiß-film
hüllt sich um weiße porzellan-
teetassen, und erinnerungen an
deinen rotsamtenen hut
beim ersten schneefall
fußstapfen auf der Place Monge, teestubendunst
deine hände, in kissen vergraben
wir duschten im wasser, das durch
Pariser röhren schoß
sangen an den anderen enden
und planschten mit den zehen
in seifenstrudeln aus Tolbiac-seligkeit

zwei jahre später, unsre leiber
nationen vorgeworfen, die verstaubt sind auf trennende art
keine lyrischen weisen beim pastetenbacken
vielmehr etwas anderes unter
den rippen der blätter
etwas kälteres, schönes in eiszapfen
gassen und steinen
in deinen diamantenen schwarzen pupillen
dichter-iriden und deinen schals

Aus dem Englischen von Hans-Christian Oeser

Blason

nach Breton

Mein Geliebter mit seinem Haar wie Nachtigallen
Mit seiner Brust wie Taubengeflatter wie graue Tauben die sich
in der Dämmerung putzen
Mit seinen Schultern wie zärtliche Balkone halb im Schatten,
halb in der Sonne
Mein Geliebter mit seinen langknochigen Oberschenkeln
der Pariskarte meiner Zunge
Mit seiner tintenbefleckten Zunge, seiner Zunge der Spitze
eines Kirchturms eingetaucht in milchigen Himmel
Mein Geliebter mit seinen wünschenden Zähnen
Mit seinen Fingern wie nervöses Flüstern, seinen Fingern
eines Knaben
dessen Spielzeuge billig und leicht zerbrechlich waren
Mein Geliebter mit seinen stillen Daumen
Mit seinen Augen wie ein Fenster verqualmt durch einen Zug
der in der Nacht vorüberfährt
Mit seinem Nacken wie ein leerer Regenmantel
am Kragen aufgehängt, süss gebogen
Mein Geliebter mit seinem Lachen eines leeren Treppenbrunnens,
Regen den ganzen Nachmittag

Mit seinem Mund der tiefsten Blume, der
Ich jemals meinen Mund gegeben habe.

Aus dem Englischen von Wilfried Ihrig

Lorca

Grün, er wollte Grün für seine Sammlung:
grüne Häute, grüne Seelen. Er wollte
münzgewobenes Haar und Steel Guitar.

Es stand eine Burg, Gypsies verstellten
ihr Prisma. Granada frass seine Worte,
stellte ihn für die Schüsse auf, verschlang ihn

in namenlosem Duende. Mit schwellenden
Balladen schmachtete er zum kalkmilchigen
Mond, ein Atmen auf Goldteppich, Parfüm

schwitzend. Er legte dem Mond, wie Blätter
gepudert, einen Mantel aus Palmwedeln um.
Spannte Fiedelbögen wie Stiche und schubste

ihren lunaren Leib herum. Sie fiel in ihren Duft
von sich schälender Rinde, schwarzen Klang
seufzend, halb Sanskrit und alle Restsprachen.

Aus dem Englischen von Dagmara Kraus

Ein Platz in der Musik

Einmal, in einem Traum, der kein Traum war, sah ich sie vor mir davon gehen. Oder nicht davon, aber gerade vor mir. All meine toten Lieben in einem Schimmer silbrigen Windes. Sie wußten, daß ich folgte, und gingen weiter. Mit verschränkten Armen nebeneinander laufend auf einer Straße zwischen Feldern mit hüfthohem Gras. Ihre Haare und die Säume der geblümten Kleider der Frauen flatterten im Wind. Irgendein Onkel oder sonstwer, noch ein Junge, rannte hinter den andern her – war das eine Freude? Und was es mir sagte, dieses Bild in meiner Vorstellung, war, ich müßte mich nicht fürchten: das ist nur eine Art Magie, der Tod, und die Geschichte ist reichhaltig, die Geschichte geht weiter. Ich war hinter ihnen, beobachtete sie, wie sie im Wind liefen, als ich das Summen in mir anfangen hörte – ein Platz in der Musik, hoch und süß – als wenn sie sängen oder auch das Lied hörten, das ich anfing zu hören, und ich war glücklich. Und liebte mich noch immer. Den Himmel, dieses Silber, auch. Obwohl niemand von ihnen sich umdrehte.

Aus dem Englischen von Wilfried Ihrig

Flamenco-Stunde in Sacromonte

»Zieh den Bauch ein,
zieh wie an einer Nadel und fädle

dich von deinem Nabel   zur Erde

von deinem Nabel   zu den Sternen

Ellbogen raus,
so nur bereitest du vor
deinen nächsten Schritt.
Du musst gerade stehen,
Kinn raus,   wie für ein Foto.
Stolz.
Einige Lehrer sagen, die Knie sind zu beugen,
pero no es guapa.«

»Claro.«
Meine Schuhe taugen nichts.
Es sind Anfängerschuhe,
ich sollte bessere bekommen,
irgendwann …
wenn ich weiter den Flamenco tanze

Ich frage: »Are you a Gitana?«
»No se, aber ich denke schon«
Und dabei holt sie ein Foto heraus
von ihrem Großvater
»¡Mira!
Es un *Gitano,*
auch wenn meine Großmutter nein sagt,
¡¿Es un Gitano, no?!«

Sie lächelt und zeigt auf das Foto,

Aufrecht,
Kinn raus, in Positur

von ihrem Nabel   zur Erde

von ihrem Nabel   zu den Sternen.

Stolz, dass sie vielleicht Romani Wurzeln hat.

Aus dem Englischen von Boris Faltin und Ulrich Janetzki

KANADA

An Yul Brynner

Leb wohl, mein Romani Bruder und Künstlerfreund
Ich weiß, Du bist in unsern Romani Himmel gegangen
Den Ort, den wir Raiyo[1] nennen, und sicher
Wirst Du dort warten, um mich zu begrüßen,
Wenn Martiya[2] entscheidet, daß meine Zeit gekommen ist.
Ich weiß, Du wirst dort unsere Musik spielen
Auf unserer sieben-saitigen russischen Gitarre
Mit Ishwan, Aliosha, Sonya und Zarko
Und all den andern Ruzniacha Sängern,
Die dort warten werden, um mich zu begrüßen.
Du wirst dort spielen, wie Du
In Paris gespielt hast, damals, vor dem Porayimos,
Als Du nur einer von uns warst
Und noch nicht berühmt in der Außenwelt.

Mein Bruder, Du trugst die Bittschrift
Und ich trug unsere Romani Flagge
An dem glorreichen Tag, als wir zu den United Nations gingen,
Um unsere Repräsentanz als Roma zu erbitten
Unter den staatenlosen Völkern der Welt.
Und überall gaben wir unserm Volk die Hoffnung
Auf eine bessere Zukunft unter der UN-Charta
Und ein Ende der systemischen Diskriminierung und Verfolgung.
Es wird andere große Roma geben, Yul,
Aber nur wenige Größere als Dich.
Du hast ein begeisterndes Andenken hinterlassen
Um es zu pflegen und nachzuahmen.
Du hast Dich geoutet,
Um unsere Brüder und Schwestern zu repräsentieren,
Als Du am meisten gebraucht wurdest.

Schlaf wohl, mein Bruder – bis wir uns wieder begegnen.

1 Das Roma-Konzept des Himmels, in dem alle toten Vorfahren ewig zusammen sind. 2 Engel des Todes (Anm. d. Autors)
Aus dem Englischen von Wilfried Ihrig

Guten Tag, ihr Roma

Im Traum
mache ich eine Radiosendung auf Romanes.
Ich höre mich darin sagen:
»Guten Tag, ihr Roma und Kinder!
Euch allen Gesundheit und Glück!«
Studio, Mikrofon, Musik.
Die Gadsche tanzen mit uns.
Die Gadsche lachen mit uns.
Ich bin glücklich.

Im Traum
mache ich eine Radiosendung auf Romanes.
Ich höre mich darin sagen:
»Flieht weit fort, ihr Roma und Freunde!
Weit, weit fort!«
Granaten, Gewehre, Messer.
Die Gadsche schlagen uns tot!
Die Gadsche ermorden uns!
Ich bin am Boden zerstört.

Aus dem Romanes von Melitta Depner

Kulturaustreibung

Für »muro kako« Ron Lee

Man nahm mir die Kultur
Man nahm mir meine Sprache,
Jetzt bin ich im Aufbruch
Und nichts ist meine Sache.

Wir sollten uns schämen,
Uns selber verbergen;
»Weltbürgerin«,
Das konnte nichts werden!

Ich ging nach woanders
Um besser zu leben,
Um nicht zu betrügen
Das habt Ihr vergessen.

Wie ein fehlendes Glied
Hänge ich an der Kette
Des Rätsels ... Ach, wenn ich
Doch eine Oma hätte,

Die mir die Reime beibringt,
Die unsre Ahnen kannten.
Ihr Kinder, nein, vergesst nicht
Die Verse der Vorfahren.

Aus dem Französischen von Christian Filips und Aurélie Maurin

Ich bin eine Taube

Die Taube versucht, zum Stern
der Hoffnung zu fliegen
es sind die Flügel, die zählen,
und nicht das Herz, das schlägt.

Das Blut eines Lebens
und das Blut eines Volks.
Der Dolch im Herzen
und der Dolch in der Seele.

Doch die Taube wird immer fliegen.

Der weite Himmel der Vögel
liegt in offenen Händen.
Wenn Krieg ist auf Erden
bleiben die Seelen blind für das Licht.

Ich bin eine Taube.
Wo ist mein Land?
Denn kein Blau ist unter meinen Flügeln,
kein Himmel in meinem Herzen.

Doch die Taube wird immer fliegen.

Ich bin eine Taube, ich hab einen Stern.
Ich bin die wirbelnde Feder.
Streck du entschlossen die Hand aus,
das ist dein Hoffnungsversprechen.

Der Mut eines Lebens
und der Mut eines Volks.
Vergebung im Herzen
und Vergebung in der Seele.

Aus dem Französischen von Odile Kennel

Glücklicher Exilant

Die grosse Baustelle verschwunden,
die Struktur sackt zusammen, zerbröselt,
die zerfressenen Balken verkümmern,
der reine Wind lässt die Stille erzittern.

Und ich im Zentrum von all dem, was es nicht mehr gibt,
ich atme diese riesige Weite.
Ich bin allein, bin dort, wo man mich nicht wollte,
lausche dem sachten Verklingen der Stimmen.

Sie nennen mich »Exilant«
dabei gingen sie fort von der Welt.
Ich blieb einfach nur zwischen den Lebhaften.
Ging einfach weiter, mit offenen Augen.

Sie nennen mich »glücklich«.
Dabei bin ich einfach nicht unglücklich, bitter.
An die Vergangenheit denke ich, ohne zu lächeln, zu weinen,
und die Zukunft weckt in mir keinen Wunsch.

Ich bin wie der Staub, ich bin nichts.
Die Brücke bricht ein, die Straßen verwischen.
Ich bin dort, wo ich sein soll,
denn das Licht ist meine Einsamkeit.

Aus dem Französischen von Odile Kennel und Aurélie Maurin

Die Kekse der Großen Göttin

Sie nahm die Saat, zermalmte sie,
vermischte sie zu Mehl.
Nahm bunte Gewürze,
von denen keines dem anderen glich,
sie wusste, sie würde aus einem einzigen Teig
Kekse backen
mit identischem Kern,
doch sie wollte Vielfalt.

Sie dachte sich Förmchen aus,
füllte sie mit Teig,
schob sie in die Flammen,
diese Ursprungsfuhre.

Jedes Gewürz hatte die Kekse
der Göttin gefärbt.
Sie war äusserst zufrieden mit ihrem Rezept:
Sie hatte die Menschheit erschaffen!

Aus dem Französischen von Odile Kennel

ARGENTINIEN

Verlust

Sprache meiner Vorfahren!
Ich kenne dich nicht
und weiß nicht was tun, um dich kennen zu lernen.
Sprache meiner Onkel!
Ich höre dich nicht,
und weiß nicht was tun, um dich zu verstehen.
Sprache meines Vaters und meiner Mutter!
Die Menschen lieben dich ohne dich zu kennen.

Wir haben die Sprache verloren,
wir haben die Traditionen verloren.
O Gott, wir suchen deine Hilfe,
o Gott, wir versuchen, uns selbst zu erkennen.
Sprache meiner Großeltern, Onkel,
meines Vaters und meiner Mutter,
Sprache, du schöne,
du bist mir das Liebste!
Ohne dich ist das Leben der Roma verloren,
ohne dich ... bin ich tot.

Aus dem Romanes-Spanisch-Portugiesischen von Melitta Depner

MEXIKO

Carlos und Manuel, eine Begegnung

Auf einem Sternenplatz,
Stierkampfnachmittag im Himmel,
in der Arena Manolete,
zypressenschlank und Torero.
Ein himmlisch blauer Wind
spielt den brausenden Stier,
und Manolete lockt ihn
und wickelt ihn sich um den Leib,
und der heilige Raphael ruft,
ja, das ist ein Sohn meiner Stadt.
Die Jungfrau von Guadalupe
unterbricht den andalusischen Heiligen,
mach kein Geschrei, Raphael,
wer wüsste das nicht,
einen Torero wie Manuel
kriegen wir lange nicht zu Gesicht.
Aber du darfst Carlos nicht vergessen,
Mexikaner und einer von den Besten,
sie waren zwei echte Freunde,
ein Herz und eine Seele.

Carlos Arruza, dein Landsmann,
furchtlos wie der andere,
ja, der ist aus demselben Holz
wie der Junge aus meiner Stadt,
denn setzt man sie auf eine Waage,
erheben sich beide in die Höhe.
Welch unglaubliche Überwindung!
Zwei fantastische Toreros!
Mit der Länge der Hörner
erstarrt Manuel zu Marmor,
während Carlos immerzu lächelt,
die Füße fest auf dem Boden,
wenn der Stier ihm den Schmuck
von der Brust reißt.

Es lebe Mexiko, es lebe Spanien,
nichts Besseres auf der ganzen Welt!
Hör zu, schöne Jungfrau,
du kennst die Geheimnisse
dieses Fleckens, auf dem wir leben,
weißt, wer der andere Torero ist,
denn Gott versteht es,
solche Feste zu verkünden,
zwei der größten Toreros,
mit zwei luftigen kleinen Stieren.

Sei still, mein heiliger Raphael,
verlier die Arena nicht aus dem Blick;
mit der Mütze in der Hand
tritt Manuel an die Schutzwand heran,
und, merkwürdig für Manuel,
er zittert in der Arena.
Vor den Augen Gottes geht Carlos
auf ihn zu, und die Umarmung
dauert ein Jahrhundert,
beide Toreros reagieren,
ein Aufschrei heiliger Männer und Frauen,
und noch die steifsten Heiligen
stürzen hinab in das Rund
und tragen ihn auf Schultern,
und Manuel lächelt,
denn mit dem kleinen Windstier
kämpft nun Raphael,
und die mexikanische Jungfrau
wirft ihm eine Nelke zu.
Und auch Gott lächelt,
der nicht weiß, was er tun soll,
so sehr ist der Himmel in Aufruhr,
in schönster Stierkampflaune.
Die Heiligen bringen ihm Carlos,
auf das er vor ihm niederknie,
und in seiner maßlosen Güte

und zwinkernden Auges
streckt Gott ihm die Arme entgegen,
und die Corrida ist zu Ende.

Und die Corrida war zu Ende,
als der mexikanische Zyklon
so überragend kämpfte
und selbst Gott in seiner Begeisterung
ihm einen Schlappen zuwarf.

Aus dem Spanischen von Thomas Brovot

KOLUMBIEN

Stärke

Kraft ist vonnöten noch zum Leben.
Doch unterwegs erlahmen deine Kräfte.
Du fühlst Beklemmung, Einsamkeit, Schutzlosigkeit, Trennung,
und häufig kommst du ab von deiner Bestimmung.

Erkenntnis ist Wunschtraum, Neubeginn, Weitermachen,
Voranschreiten.
Zu dieser Erfahrung braucht es nicht viel Kraft,
viel Stärke ist vonnöten, das heißt, beharrlich dranbleiben.
Kraft ist Tat, Stärke hingegen allerhöchste Erfüllung.

Das Schicksal zu erkunden, zu wissen, wohin ich gehe,
gibt meiner Routine Richtung, Orientierung meinem Steuer.
Und dennoch werd' ich schwach, lass Träume sich zerstreuen.
Sollen Kräfte mir dagegen Abhilfe sein, oder Besessenheit?
Besser noch Hartnäckigkeit, fürs Ja und für das Nein.

Nicht so viel Kraft ist mir vonnöten,
Ausdauer brauche ich, Ertragen großer Schmerzen.
Indem ich lernte, dass Kräfte schwinden können,
erlangte ich die Stärke, meine Schwäche zu lieben.

Kraftlosigkeit ist meine große Gabe!

Aus dem Spanischen von Erna Pfeiffer

AUSTRALIEN

An Jim

Noch einmal blicke ich auf meinen Sohn,
Mit Herz und Auge, die ermatten,
Ernst steht vor dem, was schützt und schont
Rundum vor Feuersschatten;
Im Rücken schlingt er Hand in Hand,
Mal lockerer, mal dicht,
Wie seine Ahnen steht, bald Ahne – stand
Geschlechtern gleich im Licht.

Kindlich, hell, vom Wuchse schlank,
Mit braunen Augen, klug und groß,
Es helfe Gott ihm, denn ein Leben lang
Wird er den Stress nicht los.
Ein Wanderer, Gypsy, wild,
Hab' ich die Welt gekannt und weiß,
Ich bot ja selbst ein gleiches Bild,
Vor wie viel Jahren das bereits!

In seinen traumerfüllten Augen ist
Von Zweifel jedoch keine Spur,
Ich wünschte, Jim, so sehr ich wüsst',
Wonach du sehnst dich nur.
Du bist ein Kind von Flur und Fluss,
Dein Seemannsblut, das von den Fjorden,
Ist mit dem Romastamm, dem von der Brust,
Vermischt in deinen Adern worden.

Träum' weiter, Sohn, dass alles wahr,
Und Dinge nicht sind, wie sie scheinen,
Der bittere Tag kommt, wenn die Mahr
Dich weckt zum Weinen.
Sei treu, so nimmt dein Ruf nicht Schaden;
Selbst wenn missbilligt, ehrlich sei,
So wirst du Kraft zum Ringen haben,
Mit Dingen, mir noch schwer wie Blei.

Es schreiben Tränen diese Zeilen mir,
Denn Herz und Hand versagen,
In Jahren wirst sie lesen hier,
Verstehen, was sie sagen.
Die Masse hört, sie streut Gerüchte,
Sie flüstert von der Schmach,
Doch einmal da, wirst du nicht flüchten
Den Vatersnamen, kommt der Tag.

Aus dem Englischen von Dagmara Kraus

Neuer Rom

Wer sind wir,
Roma ohne Romani,
die wir die eigene
Geschichte lesen müssen
in einer anderen Sprache,
dem Schmetterling folgen
unseres Daseins, quer über
die Landkarten der Phantasie,
versucht, die verlorene
Gestalt unserer Seele
wiedererstehen zu lassen?

Wir sind deine Kinder.
Du, der du Kämpfe bestrittst,
Metall handeltest, Pferde,
Träume und Sprachen,
um zu überleben; wer
erzählte die Großartige Lüge
und endete in Ketten
als Galeerensklave,
als Deportierter,
Bandit und Räuber
in Aschen und Kalk.

Wenn wir Romani lernen
aus Büchern und nicht
an der Mutterbrust,
dann nur deswegen, weil
der lange Mantel der Assimilation,
der Gummiabdruck von Schaftstiefeln
und die Maske der Verlegenheit
fast die zarten Flügel
des Schmetterlings zerstörten.

Wenn wir mit Flugzeugen reisen
anstatt mit vurdon[1]
dann darum, weil
unsere Reise uns so weit
auseinander trieb.

Wir lesen die Zukunft
aus einem Faxgerät
und nicht aus einer Kristallkugel.

Wenn wir die Geschichte
aus Staub und Aschen wiederherstellen,
dann darum, weil dieser Staub
von unseren eigenen Füßen kam
und die Asche von unseren Knochen.

1 Caravan, Wohnwagen (Anm. des Verf.)
Aus dem Englischen von Dagmara Kraus

Jazzengel

I

Traurig schauende Frau aus der Prärie
die Schönheit malt, dir vorenthalten
von Steinadlern.
Gib uns deine Jazzengel,
verwoben mit Lied und Tränen.
Das Innere, karg und farbtrunken.
Die spukende Vergangenheit braut sich wie Sturmwolken
zusammen,
um den Wünschen ihrer Muse zu gehorchen.
Eines Nachts sangst du in Brandenburg
mit der Wut der Nacht
und mit den Worten deiner Zeit;
du sangst, bis die Mauern fielen.
Da ist eine Frau, die heute Abend in der Altstadt spaziert,
sie tritt durch das Tor
und verschwindet
hinter alten Wällen;
dass sie irgendwie verstehen mögen.
Überall, wo sie hinsieht, ist Stein.
Die blaugrünen Felder werden ihre Rückkunft eines Tages
begrüßen.

II

Sie kamen mit den bemalten Gesichtern
der Zeit
und einem Bedürfnis
nach Grund und Bewegung;
wollten die Lücken füllen.

Wie Engel,
Jazz im Kopf.

III
Die Bilder, still,
aber nie stumm,
manchmal sprechend;
ich kann sie fast singen hören!
Sie sind nicht reglos,
nie in völliger Ruhe,
streben nach Leben
wie Jäger in der Nacht.
Sie sind Vorschlaghammer für Wände,
die Trompeten von Jericho,
sind Religion, Glaube, Ritual und Bedürfnis;
Ikonen aus der Heiligen Stadt,
der Verweis vor den Stadttoren,
wo die Verdammten hingehen.
Sie sind Schlesien, Kiew,
das Feld und der Wald
und alles dazwischen,
der einsame Berggipfel,
wo alles richtig ist.

Aus dem Englischen von Dagmara Kraus

Was zählt

Wild wie Jasmin
Feurig wie Cayenne
Ich glaube, dies beschreibt
Die meisten Roma

Denn die Roma
Jeder Erwachsene und jedes Kind
Alle haben eines gemeinsam
Das uns für unser Recht kämpfen lässt
Es sind die Gene unserer Vorväter
Die uns an die Wahrheit erinnern

Ob in Paris,
London, Madrid oder Perth,
Wir sind geboren um unsere Abstammung und Kultur
Auf dieser Erde zu hüten und zu schützen.
Es sind nicht die Jahre in unseren Leben die zählen
Es ist die Zeit in unseren Jahren die wir dafür verwenden
Eine Veränderung zum Besseren zu erwirken
Die ist das, was zählt.
Opre Romale!

Aus dem Englischen von Wilfried Ihrig

NACHWORT VON KLAUS-MICHAEL BOGDAL

Symbolische Gewalt.
Die Literatur und ihre »Zigeuner«

1.

Es ist eine große, wenn auch schöne Illusion, dass die Künste vornehmlich zur Humanisierung der Welt beigetragen haben. Sprache, Bilder und selbst Musik können eine »symbolische Gewalt« ausüben, die man durchaus neben die politische, wirtschaftliche und soziale stellen kann. Keine dieser Gewaltformen kommt, wie uns der Blick auf den Umgang mit den Rom-Völkern zeigt, ohne die andere aus. Die Künste präsentieren eine eigene Logik und Ästhetik, die uns die Welt plausibel erscheinen lassen und an denen die Rezipienten Vergnügen haben, auch dann noch, wenn es ein Vergnügen am Leiden, der Beschämung und der Erniedrigung ist. Sie führen – vor allem in der Moderne – nicht nur zu den Höhen der Kultur, sondern sie bringen antizivilisatorische Grundmuster hervor und imaginieren Tabubrüche. Das tun sie auf jeden Fall in Europa seit sechshundert Jahren (mit wenigen Ausnahmen), wenn sie sich den Roma zuwenden. Auf Krisen und auf politische, soziale und wirtschaftliche Dynamiken reagieren sie nicht selten durch die Gestaltung von Gewalt, Hass und Ekel. Und vor allem verarbeiten sie emotional die Bedrohungen, die aus Umbrüchen, Schwellenerfahrungen und der Gefährdung von ›Normalzuständen‹ resultieren, zuallererst den Tod: vom individuellen Sterben bis zum Massentod, bewirkt durch Krieg, Seuchen, Verbrechen und Katastrophen, aber ebenso das Verhältnis von Identität und Identitätsverlust, von Eigenem und Fremdem, von Sicherheit und Gefahr. Wir verdrängen allzu leichtfertig die gewalttätige Seite der Kultur, die ich ›das böse Gedächtnis‹ der Gesellschaft genannt habe, das von der Erfahrungsresistenz vieler Individuen und Gemeinschaften und von ihrem Pragmatismus des Vergessens nicht zu trennen ist. Auch die Geschichte der Beziehung der Mehrheitsgesellschaft zu den Sinti und Roma ist stets durch den Zusammenhang zwischen der Macht des Imaginären und Symbolischen der Gesellschaft und De-Zivilisierungsprozessen charakterisiert, wie der Verfolgung und Vernichtung zwischen 1933 und 1945. Anhaltspunkt ist die lange Geschichte kultureller Prägungen, Einübungen und Gewöhnungen und damit die Schaffung von »Akzeptabilitätsbedingungen« (Michel Foucault) von Destruktion und Selbstdestruktion. Dabei geht es nicht um das Umschlagen von Zivilisation in Barbarei, nicht um Zivilisationsbrüche, sondern um die von der Kultur eröffneten (negativen) Denk- und Handlungsräume.

2.

Die unterschiedlichen Rom-Völker, die um 1400 nach Europa einwanderten und sich dort überall niederließen, stellten niemals nationale oder territoriale Ansprüche. Dennoch wurden die kleinen friedlichen Gruppen, von deren Auftauchen die Stadtchroniken des 15. Jahrhunderts berichten, von Anfang an und ausnahmslos als eine Bedrohung wahrgenommen.[1] Ihre Nähe wurde meist nicht geduldet, ein Zusammenleben mit ihnen erschien undenkbar. Abwehr, Ausgrenzung und Verfolgung herrschten vor. Es half ihnen wenig, dass sie sich als Verfolgte und bußfertige Pilger ausgaben, um ein Gastrecht zu erlangen. Dass sich das frühneuzeitliche Europa fremden Einwanderern gegenüber stets abweisend verhielt, trifft nicht zu, wie man am Umgang mit den im gleichen Zeitraum von Frankreich aus nach Osten strömenden hugenottischen Religionsflüchtlingen beobachten kann. Diese sehr unterschiedliche Umgangsweise hatte nicht nur mit dem sozialen Stand und dem wirtschaftlichen Vermögen der Migranten zu tun, denn die ersten Roma-Gruppen traten in ›Adelsformation‹ auf, angeführt von einem berittenen Herzog oder Grafen, und beherrschten vermutlich die Sprache des jeweiligen Landes. In der Schweytzer Chronick Johannes Stumpfs (1500–1566) aus dem Jahr 1538 heißt es zum Beispiel: »Sie gaben für / wie sie auß Egypten verstossen weren / und müßten also im ellend 7. jar büß würcken. Sie hielten Christliche ordnung / trügen vil gold und silber / doch darneben arme kleider. Sie wurden von den ihren auß ihrem vatterland herüber mit Gelt verlegt und besoldet / hatten keinen mangel an zeerung / bezalten ihr essen un trincken [...].«[2] Die Ungleichbehandlung lässt sich in viel stärkerem Maße darauf zurückführen, dass die europäischen Gesellschaften an der Schwelle zur Moderne zwei unterschiedliche Typen des Anderen hervorbrachten: den Feind, der einem in Gestalt der anderen Nationen gegenübertritt und mit dem man auf Augenhöhe um religiöse, territoriale, politische, militärische, wirtschaftliche und kulturelle Vorherrschaft ringt, und den Fremden, der bleibt. Als eine so genannte Figur ›des Dritten‹ ist er weder Freund noch Feind. Dieser ›Dritte‹ darf an keinem Ort zu Hause sein und keine Anerkennung als ein gleichberechtigtes Gegenüber erfahren. Er ist geradezu die Verkörperung des Anderen, ein Nichts, jemand, der angeblich auch selbst nicht weiß, wer er ist. Zu zentralen Figuren werden ›der Jude‹, ›der Zigeuner‹, und, nach innen gerichtet vor allem in der Zeit der Hexenverfolgungen, ›die fremde Frau‹.

Zeitliche Dauer und räumliche Nähe führten dazu, dass die Konstruktion eines ›Dritten‹ an Plausibilität verlor. Deshalb mussten die europäischen Kulturen Mechanismen entwickeln, die dazu führten, dass man niemals vergisst, mit welchem Typus des Anderen man es bei Juden oder Roma zu tun hat. Sie ›erfanden‹ dazu nicht nur Bilder und Geschichten im Alltag, sondern suchten durch Literatur, Kunst und Wissenschaft der Fremdheit der Anderen Stabilität und Dauer zu verleihen. Nicht zuletzt gaben sie im Falle der Rom-Völker ihrer ›Erfindung‹ auch noch einen Namen, durch den deren Selbstbenennungen durchgestrichen werden: *Zigeuner* in Mittel- und Südosteuropa, *Tatare* in Skandinavien, *Heidene* in den Niederlanden, *Gypsies* in England. So wurden sie in einem Raum der Verachtung und bisweilen der Faszination am Exotischen als fremde Andere erzeugt, statt dass von ihnen Zeugnis abgelegt wurde.

3.

Als Vertreter einer oralen Kultur haben Sinti und Roma über fünfhundert Jahre so gut wie keine eigenen Dokumente hinterlassen. Angesichts der Gefahr, dass die Erinnerung an den Holocaust den anderen, den Tätern und Beobachtern und später den Historikern, überlassen wird, haben überlebende Roma begonnen, das Geschehene durch schriftliche Aufzeichnungen von eigener Hand oder als Protokolle ihrer Erzählungen festzuhalten. Diese Autobiographien tragen in literarischer Form wesentlich zu einem geschichtlichen Gesamtbild bei und helfen, über die subjektive Wahrnehmung von Individuen eine wichtige Dimension des Vergangenen zu erschließen. Zu den eindringlichsten Erinnerungen an Verfolgung und Vernichtung der Sinti während der NS-Herrschaft zählt die Lebensgeschichte des Münchener Sinto Hugo Höllenreiner,[3] die man Ruth Klügers *weiter leben* an die Seite stellen kann. Höllenreiner erzählt wie die meisten überlebenden Sinti und Roma zögernd und gegen große innere Widerstände, weil das Reden ihn erneut seinen Erlebnissen ausliefert und niemand in der Lage ist, sie aufzufangen, wenn die Erinnerungen einbrechen. Die Zeitzeugen wissen, wenn sie so weit vordringen, mit der Fassungslosigkeit und dem Entsetzen ihrer Angehörigen kaum umzugehen, denen gegenüber sie oft Jahrzehnte geschwiegen oder sich mit Andeutungen begnügt haben. Man spürt auch, dass sie der Nachwelt eine andere, bessere Lebensgeschichte überliefern möchten, ohne die Erlebnisse, die ihnen lange den Mund verschlossen haben. In den Lebenserinnerungen geht es immer wieder darum, gegen Lügen und Verdrehungen die Wahrheit des Selbsterlebten zu setzen und die persönliche Erfahrung als einen Teil der Geschichte ins Spiel zu bringen. Zu verspüren ist ebenso der Wunsch, sich aus eigener Kraft von stummen, überwältigten Opfern zu einem selbstbestimmten Subjekt zu erheben. Höllenreiner ringt sich immer wieder zu seinen traumatischen Erinnerungen durch, auch wenn er tage- und nächtelang darunter leidet, sich vom Vergangenen überwältigt fühlt und dann »vor allem Fremden Angst [hat]. Vor Menschen in Uniform, vor Menschen auf der Straße«.[4] Ihn treibt neben dem Bewusstsein, dass sich Sinti politisch gegen jede Form von Rassismus und Diskriminierung zu wehren haben, auch die pädagogische Idee an, dass die Konkretheit eines individuellen Schicksals wirkungsvoller zu vermitteln sei als ein Allgemeinwissen über das Ausmaß der nationalsozialistischen Verbrechen. Damit hält er es anders als sein Vater, der Auschwitz ebenfalls überlebt hat:

»Mein Dada war wirklich ein Mann, der in die Welt gepasst hat. Der hat sich vor keinem gefürchtet. Aber ich kann mich nicht erinnern, dass er sich einmal mit uns über dieses Thema unterhalten hat.«[5] Höllenreiner gelingt es im Prozess des Erzählens, nicht nur die Realität des Schreckens, sondern die nur unzureichend in Worte zu fassenden Gefühle der Ohnmacht, Angst, Verzweiflung, Demütigung, des Hungers und der Schmerzen, aber auch der Hoffnung zu vermitteln, wenn er zum Beispiel die Erinnerungen an einen engen Freund und Spielkameraden Schritt für Schritt freilegt. Ins Zigeunerlager Birkenau eingepfercht, phantasieren sie sich, halb im Hungerdelirium, halb in kindlicher Fabulierlust, in eine bessere Welt, in der es Speisen im Überfluss gibt. Beim gemeinsamen Spiel mit einem aus Lumpen gefertigten Stoffball wird diesem Freund von den Wachen auf grausame Weise in den Bauch geschossen, und er stirbt in Höllenreiners Armen: ein schreckliches Ereignis, das sich auch Lucie Adelsberger, der jüdischen Ärztin in Birkenau, eingeprägt hat.[6] Mit solchen Verlusten und Zerstörungen von Beziehungen, die man den menschenunwürdigen Verhältnissen abgerungen hat, setzt sich Höllenreiner wiederholt auseinander und legt so die emotionalen Dimensionen der langen KZ-Haft offen. Besonders intensiv versucht er sich an die bedrohlichste Situation in Auschwitz zu erinnern, an die brutale, ohne Narkose vorgenommene Sterilisation durch den KZ-Arzt Dr. Mengele. Nach der Auflösung des Zigeunerlagers als einer der wenigen Überlebenden nach Bergen-Belsen gebracht, muss der Zwölfjährige dort Leichen, die schon in den Verwesungszustand übergegangen sind, in eine Grube schleppen: »Er hielt den Atem an, griff den Fuß und wollte los, da hielt er den Fuß in der Hand. Also brachte er erst einmal den Fuß zur Grube. Und auch der Fuß lag halb aufgelöst in seinen Händen.«[7] Das ist nur ein Erlebnis in einer Kette grauenhafter Situationen, die auch dann nicht zu ertragen sind, wenn man sich wie Höllenreiner mit anderen Kindern zusammenschließt, um zum Beispiel im Inferno der letzten Tage des Nationalsozialismus die verhungerte Mutter eines Mädchens zu begraben:

> »Komm, sagte Gisela, wir bringen die Mama weg. Sie ging voraus. Hugo hörte zuerst ihren Schrei, dann sah er draußen ihre tote Mama halb zerfleischt, angenagt. Ratten waren

> vielleicht an ihr, aber auch Menschen. Wo sie noch Fleisch hatte, war es weggebissen oder abgeschnitten.«[8]

Obwohl Höllenreiner sich auch nach diesen Erfahrungen, noch in Bergen-Belsen gefangen gehalten, ein glückliches Leben nach der Haft auszumalen weiß, fördert der erst fünfundvierzig Jahre später einsetzende Erinnerungsprozess unabweisbar zutage, dass das Erlebte jegliche Möglichkeit zu seiner Bewältigung übersteigt.

4.

Die Beziehung zwischen den Mehrheitsgesellschaften und der Minderheit der Roma in Europa ist vor allem durch Angst und Misstrauen geprägt. Die Furcht nährt sich aus der Vorstellung, dass die unbegreiflichen Fremden eine tödliche Gefahr bilden. In ihrer Nähe, das erzählen Geschichten aus ganz Europa, muss man ständig auf der Hut vor einem Übergriff sein. Diese Haltung zementiert die Gewissheit, dass ein Zusammenleben mit den Rom-Völkern auf Dauer unmöglich und mit unkalkulierbaren Risiken verbunden ist: auch in Zeiten, in denen eine Annäherung und Integration nahe lag, wie zum Beispiel im Zuge der Industrialisierung und Urbanisierung Europas. Die Wurzeln der Angst reichen bis in die Zeit der Einwanderung zurück.

Wer in Europa als Volk an der Schwelle zwischen Mittelalter und Neuzeit Anerkennung finden wollte, musste in der Lage sein, über seine Abstammung Auskunft geben zu können: am besten in Gestalt eines Epos wie der *Aeneis*, in dem die Gründung Roms erzählt wird. Die Roma hatten, als sie vermutlich fünfhundert Jahre nach ihrem im Dunkel der Geschichte liegenden Aufbruch aus dem heutigen Nordindien nach Europa gelangten, keine Erinnerungen mehr an ihre Herkunft. Während unter anderem Franzosen, Deutsche, Portugiesen und Holländer damit begannen, nationale Gründungsmythen zusammenzubasteln, die Ankunft und Besitznahme beglaubigen sollten, erzählen die von den Europäern über die ›Zigeuner‹ verbreiteten Legenden von dunkler ungeklärter Herkunft und misslingender Ankunft. Wo es keine Spuren gibt, müssen die biblischen, auf die Söhne und Enkel Noahs zurückführenden Genealogien ihr Geheimnis lüften helfen. Hält man ihre in den (unsicheren) Quellen auftauchende Behauptung, aus Ägypten zu stammen, für zutreffend, dann hat man einen Faden in der Hand, der zu Noahs Sohn Ham führt, dem Stammvater der schwarzen Völker. Für ›Schwarze‹ werden sie noch bis zur Aufklärung gehalten, bis die vergleichende Sprachgeschichte durch die Untersuchung der ihnen eigenen Sprache, des Romanes, ihre indische Herkunft nachzuweisen vermag. Als ›schwarzes‹ Volk aber waren sie nicht willkommen. Stattdessen ging man davon aus, dass sie auf ihr Ursprungsterritorium, das man sich als solches ausgedacht hatte, zurückkehren würden und müssten. Die ›Schwärze‹ war darüber hinaus in dieser Übergangsepoche auch in Religionsdingen kein günstiges Zeichen. Es ist die Farbe des Teufels, als dessen Anbeter sie verdächtigt wurden. Die Religionszugehörigkeit war in der Phase der wachsenden Konfrontation mit den nach Europa vordringenden muslimischen Türken von entscheidender Bedeutung für die Akzeptanz. Dass die Roma die christliche Religion angenommen hatten, genügte nicht. Im Gegenteil wurde behauptet, dass sie innerhalb ihres Volkes kein institutionalisiertes Christentum praktizierten. Drei Varianten, die allesamt auf eine strikte Ausgrenzung hinauslaufen, wurden bis tief ins 20. Jahrhundert hinein immer wieder erörtert: die äußerliche Übernahme der verschiedenen christlichen Bekenntnisse einschließlich betrügerischer Mehrfachtaufen; die Spionage für die muslimischen Türken; die Ausübung heidnisch-magischer oder satanischer Kulte, des Wahrsagens, von Heil- und Schadenspraktiken bis hin zum rituellen Kannibalismus. Die Überzeugung setzte sich durch, dass Roma »mit gottlosen aergerlichen dingen umbgehen, nemlich mit zauberey, warsagerey, dieberey und allerley betrueglichen stuecken, weßwegen sie auch bei wolbestelten regimentern im christentumb und unter den rechtglaeubigen keines weges zu hegen, sintemal sie auch den christlichen glauben nicht verstehen noch demselben zugethan seyn«.[9] Dieses frühe Bild einer verachteten archaischen Gruppe zweifelhafter Herkunft wurde Schritt für Schritt zur Vorstellung eines unreinen, dem Antichristen ergebenen Volkes ausfantasiert, das – auch durch dem Repertoire des Aberglaubens entnommene Abwehrrituale – auf Abstand gehalten werden müsse. Die allmähliche Herausbildung von europäischen Nationalstaaten nach der Einwanderung der Rom-Völker stand der Akzeptanz entgegen und führte zu einer Verschärfung ihrer Lebenssituation. In die rechtliche, soziale, wirtschaftliche und kulturelle Neuordnung wurden sie nicht einbezogen. Dies führte im 17. und 18. Jahrhundert zu Verfolgungen und gewaltsamen Vertreibungen von Territorium zu Territorium oder in Ausnahmefällen (Spanien und Österreich) zu Zwangsansiedlungen unter Aufgabe der nomadischen Lebensweise und der eigenen Sprache und Kultur. Mit den Vertreibungen ging ein Verlust inzwischen erworbener Rechte Hand in Hand. Obdachlosigkeit und Umherwandern stellten eine erzwungene Lebensweise dar. In der Wahrnehmung der Mehrheitsgesellschaft wurden sie zum angeborenen Wandertrieb und zum Fluchtreflex eines von Diebstahl, Raub und Betrug lebenden Volkes, das seine eigentlichen Wohnstätten in den Tiefen der Wälder, den Weiten der Steppen oder den Höhlen der Gebirge habe.[10]

5.

Die Verortung der Rom-Völker im Sozialgefüge der Gesellschaften Europas vollzog sich als Ergänzung zur Herkunftsbestimmung. Wenn sie kein den anderen Völkern vergleichbares Volk bildeten, dann konnte man sie der außerhalb und unterhalb der Ständeordnung sich befindenden Schicht der ›Herrenlosen‹ zuordnen, die durch Gelegenheitsarbeiten, Betteln und Kriminalität zu überleben suchten. Als Teil der Vaganten, des ›zusammengelaufenen Pöbels‹ und ›herrenlosen Gesindels‹, verloren sie die Sonderstellung einer ethnischen Gruppe. Ihre Lebensweise und ihr Verhalten wurden nun innerhalb des Diskurses über soziale Devianz und Kriminalität und damit im Kontext eines anderen Wissens gedeutet. Eine breite Spur führt von der Konstruktion von ›Gaunergesellschaften‹ und ›Bettlerorden‹ im *Liber Vagatorum* über die ›Gaunerlisten‹ des ausgehenden 18. Jahrhunderts, die sich auf das Räuber- und Bandenwesen beziehen, und die seelenkundlichen Verbrechensdossiers des frühen 19. Jahrhunderts bis zu den von Theorien angeborener Asozialität getragenen Kriminalhandbüchern um 1900. In diesem Diskursraum werden Schritt für Schritt ethnische Eigenheiten zum Gesamtbild einer verbrecherischen Gruppe umgedeutet. Dies schlägt sich in der Bezeichnung ›Zigeunerbande‹ anstelle von Volk oder Sippe nieder. Der Beitrag der Literatur zur Erfindung des verbrecherischen ›Zigeuners‹ ist beträchtlich und vielfältig. Er reicht von Grimmelshausens *Courasche*[11] bis zum Hamburger Tatort *Armer Nanosh*.[12]

Neben dem Diebstahl und dem Betrug wurden sie seit Cervantes' *Gitanilla*[13] auch immer wieder des Kinderraubs bezichtigt.

6.

Die Rom-Völker wurden im ausgehenden 18. Jahrhundert von der Anthropologie der Aufklärung entdämonisiert und zu einem Volk mit eigener Sprache aufgewertet. Dennoch glaubten die Wissenschaften und die ihren Ratschlägen folgenden Staatsverwaltungen in den ›Zigeunern‹ all das zu erkennen, was sie selbst als Mitglieder einer Gesellschaft auf der obersten Sprosse der Kulturentwicklung nicht mehr waren. Der Abstand zu den ›Zigeunern‹ wird zur Maßeinheit des eigenen Zivilisationsgrades. Im günstigsten Fall hatten sie die Ursprünglichkeit und Natürlichkeit von ›Wilden‹ inmitten Europas bewahrt. Das zu denken und in der Literatur und Kunst auszugestalten und im Alltag zu verbreiten, wurde nun möglich. Die Klassifikation der Völker nach Rassen zeigte eine neue, nun wissenschaftlich legitimierte unveränderliche Rangordnung an. Zu den verachteten Völkern am unteren Ende der Skala, zu denen auch die ›Zigeuner‹ gezählt wurden, suchte man die größtmögliche Distanz. Dass es eine Anmaßung sein könnte, die Identität eines anderen Volkes zu bestimmen, es für kulturlos und entwicklungsunfähig zu erklären und gewaltsame Erziehungsprogramme durchzusetzen, gelangte noch nicht in das Bewusstsein der Akteure. Ausschlaggebend war die Selbstgewissheit, das Können und die Macht einer höheren Zivilisationsstufe zu vertreten. Das aufgeklärte Wissen führte im Falle der ›Zigeuner‹ nicht dazu, dass die kollektiven Gefühlsstrukturen der Angst und Faszination, des Abscheus und der Verachtung, die sich seit ihrer Ankunft im 15. Jahrhundert herausgebildet hatten, erschüttert wurden oder gar eine Veränderung erfuhren. Das von Ungenauigkeit und Unzuverlässigkeit befreite Wissen vergrößerte den Abstand, anstatt ihn zu verringern, weil es das Anderssein hervorhob und auf fundamentale zivilisatorische Differenzen zurückzuführen suchte. Die ›Zigeuner‹ wurden nicht als ein Teil der vielgestaltigen europäischen Kultur akzeptiert. Ihre ›Ent-Europäisierung‹ unter den Bedingungen moderner Nationalstaaten führte dazu, dass, im Unterschied zu den Juden, die weitgehende soziale Desintegration anhielt. Die Ethnologie des 19. Jahrhunderts verstärkte diese Tendenz noch. Sie stufte den

›Wert‹ der unterschiedlichen Ethnien nach dem Grad ihrer sozialen Organisation in der aufsteigenden Linie von der Familie über Stamm und Volk bis zum Staat ein. Im Übergang von der anthropologischen zur ethnologischen Betrachtung fielen die Zigeuner von der Stufe ›Volk‹ auf die niedrigere Stufe eines ›Stamms‹ herab und wurden schließlich, verstärkt durch die sprachliche Herabsetzung, zur ›Zigeunerhorde‹. So erschienen sie als tribalistische Gesellschaft, als vorzivilisatorisches Naturvolk, das mit amerikanischen Indianern und Afrikanern verglichen wurde. Der ethnologische Vergleich brachte erneut die Topographie ins Spiel. Aus der Sicht der Ethnologen ist der ›Lebensraum‹ eines Naturvolks in zivilisationsfernen Landstrichen Europas wie der ungarischen Steppe, den transsylvanischen Wäldern oder den Bergen Spaniens zu suchen. Das sind Orte, an denen die Romantik die neuen Ikonen der Unterhaltung, den Zigeunergeiger und die Flamencotänzerin, entdeckte.

7.

Die Literatur der Romantik präsentiert das den ›Zigeunern‹ Eigene auf eine Weise, die es als elementare zivilisatorische Leistung erkennen lässt. Man misst diese Leistung nicht mehr an den verfeinerten aristokratischen oder den bürgerlichen Elitekulturen, sondern an der von Herder und dann den Brüdern Grimm ins Spiel gebrachten Idee einer Volkskultur und den Merkmalen Reinheit, Ursprünglichkeit und Einfachheit. Das liegt nahe, weil die ›Zigeuner‹ eine orale Kultur pflegen. Nach 1800 bei den Romantikern und durch das gesamte 19. Jahrhundert hindurch bei den akademisch ausgebildeten Ethnologen und den dilettierenden ›Zigeunerfreunden‹ hält sich die Hoffnung, auf wohl behütete, ungehobene Schätze kollektiver Schöpferkraft wie Epen, Lieder und Tänze, Märchen, Sagen, Legenden, Schwänke, Witze usw. zu stoßen. Hingegen bleiben eigene Versuche der ›Zigeuner‹ zur kulturellen Selbstdefinition aus. Während überall in Europa Schriftsteller, Philologen, Sammler und Archivare dem Vorbild der Grimms und der Romantiker wie Achim von Arnim und Clemens Brentano nacheifern und durch die Wiedererweckung der Volkskultur die jeweiligen Projekte nationaler Staatenbildung wie der der Iren, Schotten, Basken, Finnen, Griechen, Wallachen usw. vorantreiben, wird eine vergleichbare Motivation der Rom-

Völker erst im 20. Jahrhundert spürbar. Der Übergang von der Mündlichkeit zur Schriftlichkeit der Sprachen und ihrer Literaturen signalisiert mehr als einen Medienwandel. Hierdurch wird der Anspruch eines Volkes sichtbar, das sich von den anderen nun durch nichts mehr unterscheidet als durch fehlende Selbstbestimmung und den Verzicht auf territoriale und nationale Souveränität. Wenn keine eigene Haupt- und Staatsgeschichte zu erzählen ist, dann erfinden die romantischen Nationalisten mit Hilfe einer unsicheren mündlichen Überlieferung eine heroische Vorgeschichte aus mythischer Zeit, wie zum Beispiel das finnische Kalevala-Epos, sammeln und restaurieren die Legenden über nationale Gründungsväter und -mütter und deren Heldentaten und Opfer sowie die Kämpfe mit den Göttern und Wesen der Vorzeit. Sie können wie die keltischen oder germanischen Epenkreise bis in die historische Zeit fortgeschrieben werden, um die Augenblicke der vermeintlichen religiösen Sendung des Volkes oder seine Bewährung in Zeiten der Bedrängnis zu gestalten. Auch für die ›Zigeuner‹ werden Fragmente solcher Legenden und Epen erfunden.

In der Epoche der Industrialisierung wächst das Gefühl der Entfremdung von der Natur ebenso wie das Unbehagen an der Disziplinierung des Verhaltens und dem Zeitregime der Erwerbsarbeit. Nikolaus Lenau hat in dem wohl bekanntesten Werk der Zigeunerromantik, dem vielfach vertonten Gedicht *Die drei Zigeuner*, eine Allegorie des ›lustigen Zigeunerlebens‹ geschaffen:

> »Drei Zigeuner fand ich einmal
> Liegen an einer Weide,
> Als mein Fuhrwerk mit müder Qual
> Schlich durch sandige Heide.
> [...]
> Dreifach haben sie mir gezeigt,
> Wenn das Leben uns nachtet,
> Wie man's verraucht, verschläft, vergeigt,
> Und es dreimal verachtet.«[14]

Die an den Rand gedrängte und verachtete Minderheit avanciert zum faszinierenden Gegenbild der eigenen Gesellschaft. In den Augen der Romantiker repräsentieren sie Freiheit, Arbeit ohne Zwang, ein umherschweifendes Leben unter freiem Himmel, eine freizügige Sexualität, künstlerische Kreativität und eine überschäumende Lebenslust, die in Musik und Tanz ihren Ausdruck findet.[15] Motiviert durch ihr Interesse an Archaik, an Volksmythologien, am Unheimlichen und Antibürgerlichen, gestalten die Romantiker in auffälliger Häufigkeit und großer Variationsbreite Zigeunerfiguren. Zu den bekanntesten zählen *Isabella von Ägypten* in Achim von Arnims gleichnamiger Novelle (1812), Meg Merrilies in Walter Scotts Roman *Guy Mannering oder: Der Sternendeuter* (1815), Semfira in Alexander Puschkins Poem *Die Zigeuner* (1827), Esmaralda in Victor Hugos *Der Glöckner von Notre-Dame* (1831) und Prosper Mérimées *Carmen* (1845). Die Romantik bewirkt den größten und nachhaltigsten Schub der Ästhetisierung und Medialisierung der ›Zigeuner‹. Sie liefert in nahezu allen europäischen Kulturen eine Unzahl von Geschichten und Bildern einer archaischen, freien und manchmal gefährlichen und bedrohlichen Gruppe an den Rändern und in den Nischen der modernen Disziplinargesellschaft. ›Zigeuner‹ werden im Verlauf des 19. Jahrhunderts zu einem populären Gegenstand der Unterhaltung.

8.

Die Eroberung der Operettenbühnen und der Wohnzimmerwände durch schöne ›Zigeunerinnen‹ und hinreißende Musiker ändert nichts daran, dass gleichzeitig die Bilder der Verachtung vorherrschen. In einem schizophrenen Nebeneinander gegensätzlicher Wahrnehmung setzen sich im letzten Drittel des 19. Jahrhunderts nicht nur gegenüber den Juden rassistische Vorstellungen durch. Auch die Rom-Völker geraten in den Sog der an Autorität gewinnenden biologischen Theorien über Rasse und Vererbung. Ebenso werden sie zunehmend Opfer biopolitischer Maßnahmen von der Zwangssterilisierung bis zum Genozid.

Bis spät in das 19. Jahrhundert hinein sieht man in ihnen die rückständigen ›Wilden‹ der Wälder. Die moderne Industriegesellschaft betrachtet und behandelt sie als arbeitsscheue und kriminelle Kreaturen einer minderwertigen Rasse. Das rassistische Konzept nimmt ab 1900 auch in der Literatur und der Kunst an Fahrt auf.[16] Die Folgen in Gesellschaft und Politik zeigt diese Ausstellung.

Allerdings ist die allmähliche Integration der Sinti im Verlaufe des 19. Jahrhunderts vor allem in Deutschland weiter fortgeschritten, als es Staat und Gesellschaft wahrhaben wollen. Verbindliche rechtliche Regelungen auch privater Beziehungen haben zugenommen. Rechtsförmigkeit soll Rationalität, Effektivität und Kontrolle garantieren und persönliche Risiken verringern helfen. Ein näheres Zusammenleben mit Sinti auf der Basis einer Liebesbeziehung, einer Adoption, eines Arbeitsverhältnisses oder einer Geschäftsbeziehung wird wahrscheinlicher, Begegnungen in einem kontrollierten öffentlichen Raum nehmen zu. In der Literatur häufen sich seit der Jahrhundertmitte Werke, in denen das allmähliche Vordringen der Sinti – und noch häufiger das der Juden – in die Mitte der Gesellschaft verhandelt wird. Die Darstellungen werden jedoch von den Zeichen der Bedrohung überschattet, die sich im kollektiven Gedächtnis festgesetzt haben. So wird beinahe jede Begegnung als ein riskanter Austausch von Waren, Dienstleistungen, Wissen, Geschenken oder Gefühlen gestaltet, dem von Seiten der Sinti der Betrug und die Lüge eingeschrieben ist. Man möchte dieses Risiko meiden. An der Grenze zur Liebe, zur Freundschaft, zur Nachbarschaft fehlt das Vertrauen, das die Grundlage jeder offenen, entwicklungsfähigen Begegnung bildet.

Das hat auf feinfühlige Weise die englische Schriftstellerin George Eliot in ihrem Roman *Die Mühle am Floss* (1860) dargestellt. Obwohl hier in pädagogischer Absicht die Belehrung eines Kindes, der achtjährigen Maggie Tulliver, geschildert wird, erweist sich die anekdotische Erzählung als eine den Sinn und die Aufgabe solcher Begegnungen am Rande der Gesellschaft auslotende grundsätzlichere Reflexion und als Auseinandersetzung mit der Zigeunerromantik. Ebenso wenig wie das Kind seinen Wunschphantasien und Vorurteilen entkommt, kann der Roman die literarischen Vorprägungen ignorieren. Wenn Maggie während ihrer Erlebnisse bei den Zigeunern nicht mehr zwischen Fiktion und Wirklichkeit unterscheiden kann – »Es war wie in einer Geschichte«[17] –, weiß der Leser, dass er sich, seitdem er mit der Romanlektüre begonnen hat, in einer Welt der Fiktionen bewegt. Die Romanepisode beginnt damit, dass Maggie die metaphorische Redeweise ihrer Eltern, sie sei »eine Zigeunerin und ›halbwild‹«,[18] wörtlich nimmt und deshalb lieber bei den Zigeunern als in der elterlichen Mühle leben möchte. In ihrer Phantasie malt sie sich aus, dass die Zigeuner »sie freudig empfangen und ihr hohe Achtung wegen ihres überlegenen Wissens zollen«[19] würden. Mit Ausdauer und Energie sucht sie, nachdem sie von zu Hause weggelaufen ist, »ihre unbekannten Artgenossen, die Zigeuner«.[20] Erleichtert entdeckt sie schließlich »das kleine halbrunde schwarze Zelt, das nun ihre Zuflucht sein sollte vor all der verletzenden Schmach, die sie im zivilisierten Leben verfolgt hatte.«[21] Die erste Phase der Begegnung ist von den Projektionen und Erwartungen Maggies geprägt. Obwohl sie sich als eine von ihnen fühlt, die deshalb nichts zu befürchten hat, führt sie sich wie eine Missionarin auf, die eine überlegene Kultur vertritt. Schritt für Schritt setzt in der beschriebenen Begegnung der Achtjährigen ein Desillusionierungsprozess ein. Maggie misst das Erlebte an ihrem Vorwissen. Im Vergleich mit ihrem Bild vom Zigeunerleben erscheint die Wirklichkeit »ziemlich enttäuschend«.[22] Weder bemerkt sie die befremdliche Zurückhaltung der Zeltbewohner, noch die Ironie der Bemerkungen einer jungen Zigeunerin, die einen Säugling auf dem Arm hält. Maggies Verhalten ist das einer jungen Dame, die sich zu den Zigeunern herablässt. Bei der ersten körperlichen Berührung erschrickt sie über den Schmutz. Zunächst gelingt es ihr immer wieder, das Gesehene im Hinblick auf ihre Vorstellungen und Interessen umzudeuten:

> »Die tiefstehende Sonne warf ein freundliches Licht auf sie, und die Szene war wirklich sehr hübsch und behaglich, fand Maggie, nur hoffte sie, man möchte bald die Teetassen aufdecken. Alles würde ganz bezaubernd sein, wenn sie den Zigeunern erst beigebracht hätte, eine Waschschüssel zu benutzen und sich für Bücher zu interessieren. Es war jedoch ein wenig verwirrend, daß die junge Frau mit der alten in einer Sprache zu sprechen begann, die Maggie nicht verstand, während das große Mädchen […] sie ohne eine Begrüßung anstarrte.«[23]

Das Gespräch mit den Zigeunerfrauen nimmt einen beinah grotesken Verlauf. Während Maggie sie voller Begeisterung belehrt, versuchen diese sich den Inhalt ihrer Tasche anzueignen und sie auszuhorchen. Ausschließlich vertraut mit den Gewohnheiten der englischen Mittelschicht, beendet sie ihre Darlegungen mit der Forderung: »Ich will jetzt aber meinen Tee haben.«[24] Die immer noch erstaunten Zigeunerinnen bieten ihr an, was sie haben: trockenes Brot und Speck. Doch Maggie macht den Frauen klar, dass sie ein Butterbrot und Tee bevorzuge. Die alte Frau weist sie darauf hin, dass sie beides nicht besäßen und wird ungehalten, als Maggie nach Sirup verlangt. Sie begreift die Situation nicht und fühlt sich unbeachtet, als die Männer schimpfend und fluchend nach Hause kommen, die Frauen das mit gleicher Münze heimzahlen und auch noch der Hund geschlagen wird. In ihrer kindlichen Naivität und bürgerlichen Borniertheit sieht sie ihre Mission als gescheitert an. »Maggie fühlte, daß es unmöglich war, daß sie jemals die Königin dieser Leute sein sollte oder ihnen gar unterhaltsames und nützliches Wissen vermitteln konnte.«[25] Die Enttäuschung schlägt in Misstrauen um, als einer der Männer ihren silbernen Fingerhut einsteckt. Selbst das aus ihrer Sicht unappetitliche Abendessen wagt sie nun nicht mehr zurückzuweisen. »Ihre Vorstellungen von Zigeunern hatten in den letzten fünf Minuten einen raschen Wandel durchgemacht.«[26] Von der Anziehungskraft des fernen romantischen Bildes vom Zigeunerland bleibt nichts. Die Nähe wird als Bedrohung empfunden, die sich bis zu einer Todesfurcht vor dem Kannibalismus steigert:

> »Nachdem sie sie für achtbare Gefährten gehalten hatte, die für Unterweisung zugänglich waren, dachte sie nun allmählich, daß sie vielleicht vorhätten, sie zu töten, sobald es dunkel war, und ihren Leib zu zerteilen, um ihn nach und nach zu kochen.«[27]

Wie sämtliche vorherigen Deutungen der Begegnung, ist auch diese völlige Fehldeutung der engen, selbstbezogenen Perspektive des Kindes geschuldet, denn die Zigeuner haben längst beschlossen, sie in der berechtigten Hoffnung auf eine Belohnung auf ihrem Esel nach Hause zu bringen. George Eliot, die erst nach der *Mühle* ihr großes Zigeuner-Epos *The Spanish Gypsy* schreibt, spekuliert weder über die Folgen und Folgeschäden der Aufnahme in eine Zigeunergruppe, noch über die Schwierigkeiten auf dem umgekehrten Weg der Integration in die Mehrheitsgesellschaft. Sie konzentriert sich auf den Augenblick der Begegnung zweier Welten, die nur fußläufig voneinander entfernt existieren und doch unvereinbar scheinen. Selbst ein unangepasstes und schwieriges Mädchen wie Maggie Tulliver hat Disziplin und Werte bürgerlicher Erziehung so tief verinnerlicht, dass sie sich gegenüber den Fremden, bei denen sie Zuflucht und Bestätigung sucht, verständnislos und unangemessen verhält. Ihre mutige Grenzüberschreitung erweist sich als willkürliches Eindringen in den privaten Lebensbereich der Zigeuner, das »schwarze Zelt«. Nimmt man die eskortierte Rückkehr hinzu, wird deutlich, dass am Ende der Begegnung ein Austausch gegen Geld steht und nicht einmal die Andeutung einer persönlichen Beziehung. Mehr erlauben die Verhältnisse nicht. Die kulturelle Verschiedenheit reißt unüberwindbare Gräben auf, das soziale Gefälle schürt Ängste und ein tiefes wechselseitiges Misstrauen verhindert die Verständigung. Romantische Wunschimaginationen führen in der *Mühle am Floss* zu nichts als Ärger. Dennoch wird ein brüchiger sozialer Frieden hergestellt. Das ist in der Literatur eine absolute Ausnahme. In den ›Zivilisationsprüfungen‹, die in der Literatur konstruiert werden, ist das Scheitern angelegt, weil das Anderssein der ›Zigeuner‹ – sozial, religiös, ethnisch – fundamental begründet wird. Dafür gibt es ein auffälliges Beispiel aus der ersten Hälfte des 19. Jahrhunderts, das »Märlein«, das ein Mönch in Nikolaus Lenaus Epos *Die Albingenser* (1842) als Parabel für die Häresie erzählt. Zigeuner begehen hier wie schon in den Legenden über ihr Verhalten bei der Kreuzigung Jesu einen erneuten Gottesfrevel, indem sie ein Holzkreuz verfeuern, um drei Raben zu braten. Befremdlich wirkt die Unwissenheit eines nur den elementarsten Bedürfnissen folgenden Volkes ohne Gespür für die Werte ihrer christlichen Umwelt. Sie begehen ein erstes Sakrileg, indem sie zunächst ein Stück nach dem anderen aus dem Wegekreuz herausbrechen. Schließlich werfen sie auch noch den Körper des leidenden Christus ins Feuer. Die Kreuzigung wiederholen sie symbolisch als Verbrennung:

> »Die Juden haben dich ans Kreuz geschlagen,
> Und die Zigeuner dich ins Feuer tragen.
> Wir haben nichts von allen Deinen Wunden,
> Als daß dein Bild uns wärmet ein paar Stunden.
> Nur unser Landsmann lindert unsre Not,

Der älteste Zigeuner nur: der Tod,
Der heimatlos umzieht durch alle Lande
Und spielt sein Lied traurig mit seiner Bande.« [29]

Das Epos ruft ein Bild der völligen Verlorenheit und des Ausgeschlossenseins auf, die sie mit den Juden teilen. Die Strafe für den Frevel folgt auf dem Fuß und auf unheimliche Weise durch die zurückkehrenden Raben:

»Es rauscht wie Sturm von ihren Flügelstreichen,
Sie hacken die Zigeuner schnell zu Leichen.« [30]

An der Stelle des Kreuzes liegen nun die Überreste der Zigeunerfamilie, zu der auch Kinder gehörten.

»Doch in den Lüften seht ihr Raben schweifen
Zu Tausenden in zwei gekreuzten Streifen.
Das Kreuz, das frevle Menschenhand vernichtet,
Hat die Natur schwarz in der Luft errichtet.« [31]

Auch wenn es sich um die predigthafte Mär eines Klerikers handelt, der die südfranzösischen Häretiker bekämpft, so ist die Vernichtungsphantasie doch in ihrer Gnadenlosigkeit bemerkenswert, zumal die Frevler das mahnende Zeichen nicht einmal mehr zu sehen bekommen.

Erzählt wird eine Geschichte, die sich wegen der Schändung christlicher Symbole einprägt. Mit den rächenden, im Wortsinn am Himmel ›aufkreuzenden‹ Raben wird ein Deutungs- und Handlungsraum für den Umgang mit den ›Zigeunern‹ geöffnet, ein Raum, in dem humane Perspektiven widersinnig erscheinen.

9.

Die Sprache aggressiver Abwehr, in der die Angst vor dem Eindringen der Roma in das Zentrum der Gesellschaft und vor der ›Vermischung‹ mit ihnen zum Ausdruck gebracht wird, hat sich bis in unsere Gegenwart hinein nicht geändert. Die vermeintliche Bedrohung von außen durch eine liberale Integrationspolitik wird in der paranoischen Logik rassischer Reinheit zu einer noch größeren inneren Gefahr erklärt. Das folgende Gedicht stammt aus dem Jahr 1883. »

An die Zigeuner:
»Kommt zu uns auch – Ihr Zigeuner!
Ob ihr heller seid – ob bräuner –
Ueber diese Kleinigkeiten
Wird kein Mensch mehr mit Euch streiten.
[...]
Gastfrei ist die deutsche Erde:
Nur herein, Zigeunerheerde!« [32]
»Heil und Hülfe allen Menschen,
Ganz besonders morgenländ'schen!« [33]
»Alle, alle kommt herbei!
Ob in diesem Völkerbrei
Echter Fortschritt möglich sei –
Meine Herrn, ist einerlei!«
»Kommt, Zigeuner, saugt hier mit!
Abgezapftes Völkerblut
Schmeckt den Parasiten gut:
Nur herein in's deutsche Reich,
Was ihr treibt – uns bleibt es gleich.« [35]

Es unterscheidet sich in nichts von dem, was heute in sozialen Netzwerken und Blogs über Roma und »morgenländ'sche« Menschen verbreitet wird. »Diese Zigeuner dürfen unser Dortmund nicht weiter verschandeln! Damit meine ich nicht die Bulgaren, sondern die ebenfalls in Bulgarien unerwünschten ROMA, die einfach zu faul sind, etwas für sich oder die Allgemeinheit zu tun. Sie kennen keine Gesetze und keine Ordnung und schmeißen wie im Mittelalter ihren Müll aus den Fenstern! [...] Bald werden sie auch in euren Vorgärten sein und eure Gärten und Keller aufbrechen, euch bedrängen und bedrohen! Wir müssen handeln, solange es noch geht. Wie gesagt, ich beziehe mich nur auf Zigeuner, denen wirklich alles egal ist und [sic!] das ›dreckigste Volk‹ auf Erden sind [...]. Ich bin KEIN Rassist, da ich selbst einen Migrationshintergrund habe, aber Zigeuner sind das schlimmste Elend dieser Welt [...].« [36]

1 Zu den Chroniken und Historiographien, siehe Klaus-Michael Bogdal: Europa erfindet die Zigeuner. Eine Geschichte von Faszination und Verachtung, Berlin 2011, S. 23–37.
2 Reimer Gronemeyer (Hg.): Zigeuner im Spiegel früher Chroniken und Abhandlungen. Quellen vom 15. bis zum 18. Jahrhundert, Gießen 1987, S. 32.
3 Anja Tuckermann: „Denk nicht, wir bleiben hier!" Die Lebensgeschichte des Sinto Hugo Höllenreiner, München, Wien 2005.
4 Tuckermann (Anm. 3), S. 241.
5 Tuckermann (Anm. 3), S. 240.
6 Lucie Adelsberger, Auschwitz. Ein Tatsachenbericht. Das Vermächtnis der Opfer für uns Juden und für alle Menschen, Berlin 1956, S. 14.
7 Tuckermann (Anm. 3), S. 203.
8 Tuckermann (Anm. 3), S. 205.
9 Sammlung Fürstlich Hessischer Landes-Ordnungen und Ausschreiben [...]. Zweyter Theil (Hg. von Christoph Ludwig Kleinschmidt) [...], Kassel o.J., S. 412.
10 Siehe Bogdal (Anm. 1), S. 53-62.
11 Hans Jakob Christoffel von Grimmelshausen, Lebensbeschreibung der Erzbetrügerin und Landstörzerin Courasche, in: Wolfgang Bender (Hg.), Gesammelte Werke, Band. 8, Tübingen 1967.
12 Asta Scheib/Martin Walser, Armer Nanosh, Augsburg 1989.
13 Miguel Saavedra de Cervantes, Das Zigeunermädchen, Stuttgart 1986.
14 Nikolaus Lenau, Die drei Zigeuner, in: Ders./Antal Mádl (Hg.), Werke und Briefe, Band 2, Wien 1995, S. 44.
15 Zur Zigeunerromantik siehe Stefanie Kugler, Kunst-Zigeuner. Konstruktionen des ›Zigeuners‹ in der deutschen Literatur der ersten Hälfte des 19. Jahrhunderts, Trier 2004 und Nicholas Saul, Gypsies and Orientalism in German Literature and Anthropology of the Long Nineteenth Century, London 2007.
16 Siehe Bogdal (Anm. 1), S. 307–347.
17 George Eliot, Die Mühle am Floss, Stuttgart 1983, S. 149.
18 Eliot (Anm. 17), S. 144.
19 Eliot (Anm. 17), S. 144.
20 Eliot (Anm. 17), S. 147.
21 Eliot (Anm. 17), S. 148.
22 Eliot (Anm. 17), S. 148.
23 Eliot (Anm. 17), S. 149.
24 Eliot (Anm. 17), S. 151.
25 Eliot (Anm. 17), S. 153.
26 Eliot (Anm. 17), S. 154.
27 Eliot (Anm. 17), S. 155.
28 Ausführlich bei Bogdal (Anm. 1), S. 37–42.
29 Nikolaus Lenau, Die Albingenser, in: Ders. (Hg.): Sämtliche Werke. Briefe, Stuttgart 1959, S. 684.
30 Lenau (Anm. 29), S. 685.
31 Lenau (Anm. 29), S. 685.
32 E. Schwechten, An die Zigeuner, Köln 1883, S. 10.
33 Schwechten 1883: 16.
34 Schwechten 1883: 17:
35 Schwechten 1893: 21.
36 DER Dortmunder, 10. Juni 2011: http: deutschelobby.wordpress.com/2011/04/04/dortmund-zigeuner (download vom 21.11.2011 19:24).

Autoren und Quellen

WILFRIED IHRIG

Viele der Autorinnen und Autoren leben in der „Diaspora", als Emigranten in vielen Ländern. Deshalb werden sie in diesem modernen Poesie-Atlas den Ländern zugeordnet, in denen sie lebten und schrieben, leben und schreiben, dem Land der Geburt, dem Land der Emigration, oder auch beiden Ländern, je nachdem, wie es die Biographie des jeweiligen Autors nahelegt. Viele Poeten dichten in der Landessprache, in vielen Ländern auch in Romanes, aber sie dichten auch in Deutschland Serbisch oder in Österreich Rumänisch.

Die meisten der vorliegenden Gedichte sind Neuübersetzungen; wo ein Name der Übersetzerin oder des Übersetzers fehlt, wurde auf ältere Übersetzungen zurückgegriffen, deren Urheber nicht ermittelt werden konnte.

A

Abdullah, Tareq (moslemischer Name für: Frithjof Hoffmann, 1937 Dievenow, Pommern). Deutscher Sinto, der erste mit Studium (R. Djuric, taz, 12.03.2003). *Kon hum me? Wer bin ich,* in: T. A., *Lyrische Gedanken.* Neustrelitz o. J. (um 1996), unpaginiert.

Angheluță, Constantin Gheorghe (1947 Ciochina – 2003 Bukarest). Rumänischer Rom. Musiker, Lyriker. *Der Jahrmarkt und die Messe sind eröffnet (S-a deschis târgul și piața),* rum. in: *Asul de treflă,* Bukarest, I/2, 1993, und in: Franz Remmel, *Botschaft und Illusion.* Reşiţa 2007, S. 110, für das vorl. Buch übers. v. Carmen-Francesca Banciu.

Avasilcăi, Mihai (1950 Iași – 2012 Iași). Rumänischer Rom. Etwa 1979 – 1992 Gefängnis. Erzähler, Lyriker. *Gruselig (Lugubru), Autonasulie,* rum. in: M. A., *Poezii obraznice.* O. O. (2000), und in: Franz Remmel, *Botschaft und Illusion.* Reşiţa 2007, S. 143f, für das vorl. Buch übers. v. Carmen-Francesca Banciu.

Avdić, Semso (1950 Banja Luka). Bosnischer Rom, lebt in Norrköping. Exil in Italien, dann Schweden. *Im Wein liegt die Wahrheit,* Romanes (- ital. v. Sergio Francese) in: S. A., *Poesie.* Cuneo 1985, (Romanes -) dt. v. Thomas Benedikter, Ramona Gruberi, Laura Bortolotti und Anna Unterkircher in: Mirella Karpati (Hg.), *Sinti und Roma. Gestern und heute.* Rom o. J. (1993), S. 193.

B

Balážová, Jana (1998 Prag). Tschechische Romni. Lyrikerin. *Zusammen,* tschechisch in: J. B., *Spolu.* Prag 2013, dt. v. Silke Klein (- tschechisch), in: Hamze Bytyçi / Veronika Patočková (Hg.), *Roma-Generation 2.0. Vom verfolgten Volk zu europäischen Bürgern.* Berlin: RomaTrial e. V. 2015, S. 49 (53).

Balogh, Attila (1956 Szikszó). Ungarischer Rom. *Für meinen Vater (Apámnak),* ung. in: *Madarak aranyhegedün. Európai cigány költök és írók müvei.* Budapest 1996, S. 411, für das vorl. Buch übers. v. Monika Rinck und Orsolya Kalász.

Baltzar, Veijo (1942 Suomenjoki). Finnischer Rom. Erzähler, Lyriker, Künstler. *Die siebensaitige Gitarre (Seitsemän kielen kitara), Ich wurde geboren (Synnyin), Ich begrabe mich selbst (Hautaan itseni),* finnisch in: V. B., *Seitsemän kielen kitara. Runoja (Gedichte) 1968–2014.* Helsinki 2014, S. 29ff, 51, 55, für das vorl. Buch übers. v. Stefan Moster.

Banga, Dezider (1939 Hradište). Slowakischer Rom, lebt in Bratislava. Lyriker. *Roma Poet (Romano poetos),* Romanes in: D. B. (Hg.), *Verše z vrbiny. Antólogia rómskej poézie.* Bratislava 1992, S. 23, für das vorl. Buch aus dem Romanes übers. (Interlinearversion) v. Ruben Pellar und nachgedichtet v. Gerhard Falkner.

Barbieux, Sarah (1958 Paris). Französische Sinteza, lebt seit 1979 in Kanada, nahe Quebec. Autorin, Tänzerin. *Kulturaustreibung (Culturocide),* engl. (-Romanes v. Ronald Lee) in: H. Tahirović-Sijerčić (Hg.), *Like Water – Sar o paj. A collection of poems by Romani women.* Brisbane 2010, S. 21, für das vorl. Buch mit freundlicher Genehmigung der Autorin nach dem frz. Ms. übers. v. Christian Filips und Aurélie Maurin. *Die Kekse der Großen Göttin (Les biscuits de la Grande Déesse),* unpubliziert, für das vorl. Buch mit freundlicher Genehmigung der Autorin nach dem frz. Ms. übers. v. Odile Kennel.

Barbieux, Thais (1984 Montreal). Franco-Kanadische Sinteza, Tochter von Sarah Barbieux, lebt in Kanada nahe Quebec. Autorin, Tänzerin, Verlegerin. *Ich bin eine Taube (Je suis une colombe),* (span.-) frz. in: Sarah Barbieux, *Gitane ... de mère en fille.* Saint-Jean-sur-Richelieu, Quebec, 2015, S. 109, für das vorl. Buch übers. v. Odile Kennel. *Glücklicher Exilant (L'exilé heureux),* frz. in: *L'exil heureux.* Toronto 2015, S. 147, für das vorl. Buch übers. v. Odile Kennel und Aurélie Maurin.

Bari, Károly (1952 Bükkaranyos). Ungarischer Rom. Lyriker, Maler. *Zigeunerzeile,* (ung.-) dt. v. Imre Török, in: *Stimmen der Völker.* Sindelfingen 1988, S. 105. *Die Stadt,* (ung.-) dt. v. Paul Karpati, in: K. B., *Vom Gellen der Geigen. Gedichte und Bilder.* Berlin 1997, S. 41. *Ihr glaubt (Azt hiszitek),* ung. in: K. B., *Holtak arca fölé.* Budapest 1971, S. 51. *Freiheit! (Szabadság!),* ung. unter dem Titel *Jannis Ritsos* in: K. B., *A némaság könyve.* Budapest 1983, S. 16. Beide für das vorl. Buch übers. v. Monika Rinck und Orsolya Kalász.
Szabadság! (15. März 1972) wurde 1972 beschlagnahmt, Bari erhielt dafür zehn Jahre Publikationsverbot.

Begović, Milan (1876 Vrlika – 1948 Zagreb). Kroatischer Rom. *Sonett der Freude,* aus dem Kroatischen v. Waldemar Dege, in: Manfred Jähnichen (Hg.), *Das Schlangenhemd des Windes. Eine Anthologie der kroatischen Poesie des 20. Jahrhunderts.* Blieskastel – Zagreb 2000, S. 42.

Berkyová, Renáta (1985 Rimavská Sobota). Slowakische Romni. Lyrikerin. *Jaaaaj, de..., Heute geh ich nicht schlafen,* aus dem Slowakischen v. Veronika Patočková, in: V. P. (Hg.), *Roma-Autoren erzählen... Kurzgeschichten und Gedichte aus Ungarn, Tschechien und der Slowakei.* Berlin: RomaTrial e. V. 2013, S. 47, 48.

Bernal, Jorge (1968). Argentinischer Rom, lebt in Buenos Aires. Sachbuchautor, Gedichte. *Verlust (Xasardí),* als multilinguales Gedicht (Romanes / spanisch / portugiesisch – englisch) in: Donald Kenrick (Hg.), *International Romani calendar.* London 1998, und in: Gunilla Lundgren (Hg.), *Utan hus utan grav.* Stockholm 2002, S. 110, für das vorl. Buch aus dem Romanes-spanisch-portugiesischen übers. v. Melitta Depner.

Buzoli, Dzafer (1982 Pristina). Kosovarischer Rom, lebt in Gračanica. *Namen auf der Wand (Names on the wall), Überleben in Deutschland (Survival in Germany),* engl. in der unpubl. Gedichtsammlung: D. B., *Typical Gypsy,*

S. 8, 54f, mit freundlicher Genehmigung des Autors aus dem Ms. übers. v. Wilfried Ihrig.

C

Cabello, Basilio Garcia (1914–1972). Spanischer Gitano, lebte in Madrid. Flamenco-Texter, Lyriker. *Das Lachen der andern Welt (Risas del otro mundo (Filosofia Gitana)),* span. in: A. Rivero / B. G. C. / Saturnino C. Carretero, *Fragua gitana.* Madrid o. J. (1941), S. 63f, für das vorl. Buch übers. v. Thomas Brovot.

Cari, Olimpio (1942 Saronno). Italienischer Sinto, lebt in Pergine Valsugana. Künstler, Schriftsteller. *Ich komme aus dem Orient,* aus dem Italienischen v. Charlotte Strobele, in: O. C., *Unterwegs. Spuren einer Zigeunerkindheit.* Wien: Ibera Verlag, 2005, S. 35.

Casey, Juanita (1925 England–2012 Okehampton, Devon). Tochter einer irischen Travellerin und eines englischen Rom, lebte in Irland und England. Lyrikerin, Erzählerin, Künstlerin. *Der Earl von Little Egypt,* engl. in: J. C., *Horse by the River.* Dublin 1968, S. 55, für das vorl. Buch übers. v. Wilfried Ihrig. *Segeln nach Byzanz,* engl. in: J. C., *Eternity Smith.* Mountrath, Irland, 1985, S. 10f, für das vorl. Buch übers. v. Hans-Christian Oeser.
Der Earl von Little Egypt: Es wird berichtet, im 16. Jahrhundert hätte der schottische Gypsy-„König" John Faw (auch: John Faa) den Titel *Earl of Little Egypt* getragen. Er hätte behauptet, über ein kleines Territorium in Ägypten zu herrschen, und James V. hat ihn unterstützt, aber dann aufgefordert, mit den schottischen Gypsies nach Ägypten zu ziehen. (Vgl. James Mitchell, *The Scotsman's Library.* Edinburgh 1825, S. 270)
Segeln nach Byzanz: Im Original hat das Gedicht den Titel *Sailing to Byzantium* wie das berühmte Gedicht von William Butler Yeats.

Chaplin, Charlie (1889 London – 1977 Manoir de Ban, Schweiz). Englischer Gypsy, lebte in den USA. Filmemacher, Songtexter. *Se bella giu satore* (Nonsense-Song), aus dem Film: Modern Times, 1936 © RoyExport S.A.S. Für das vorl. Buch (unter Berücksichtigung der vielen vorhandenen Transkriptionen) transkribiert von Marion Bergner und Wilfried Ihrig.

Christov, Christo (1977 Osikovitsa). Bulgarischer Rom, lebt in Sofia. Lyriker, Drehbuchautor. *Gottes Kinder,* bulg. in: C. C., *Orkusova Liubov.* Sofia 1996, *Wenn jeder Grashalm ein Mensch wäre,* bulg. in: C. C., *Salzi v raya.* Sofia 1998, dt. v. Thomas Frahm, in: T. F., *Der hinkende Heilige. Einblicke in die Kultur der Roma Bulgariens* (in: *Wespennest.* Nr. 140, Wien 2005, S. 77–82), S. 81.

Cibuľa, Ján (1932 Klenovec – 2013 Bern). Slowakischer Rom. Schriftsteller. Ab 1968 Exil in der Schweiz. *Gelem, gelem. Internationale Hymne der Roma* (Erster Roma Kongreß, London 1971, mit Jarko Jovanović), (Romanes -) dt. in: *Literatur und Kritik,* Nr. 327–328, September 1998, S. 58f.

D

Danzer, Günter (1940 Burgberg). Deutscher Jenischer, lebt in Herbrechtingen, Baden-Württemberg. *Gott und der Jenische,* (Jenisch -) dt. in: G. D., *Jenisch Schall, Gschmusrey, Kohl, Baldes, Kaschbrey ond Bajazz vom Jenischdieber- oder Oberberg. Sämtliche jenische Lieder, Gedichte, Geschichten und Theaterstücke.* Herbrechtingen 2015, S. 65.

Daróczi, József Choli (1939 Bedö – 2018 Bedö). Ungarischer Rom, Lyriker, Erzähler. *Die Zigeuner wurden verschleppt,* (Romanes -) aus dem Ung. v. Andrea Gyurkó unter Mitarbeit v. Cecile Gordon, in: A. G. / J. Kovács (Hg.), *Roma Lyrik aus Ungarn.* Klagenfurt 1999, S. 21ff.

Demir, Ljatif (1961 Skopje). Mazedonischer Rom. Autor, Lyriker. *Schwarz (Crnila – Kalipa),* Romanes – Mazedonisch in: L. D., *Mahaatma.* Skopje 1996, (Rom. – Maz. -) dt. v. Gérald Kurth, in: G. K., *Identitäten zwischen Ethnos und Kosmos. Studien zur Literatur der Roma in Makedonien.* Wiesbaden: Harrasowitz, 2008, S. 144f.

Djurić, Rajko (1947 Malo Orašje). Serbischer Rom, lebt in Belgrad. Lyriker, Sachbuchautor. 1991–2002 Exil in Berlin. *Ohne Heim ohne Grab* (1979), (Romanes -) dt. v. Angela Richter, in: R. D. / Jörg Becken / A. Bertolt Bengsch, *Ohne Heim ohne Grab. Die Geschichte der Roma und Sinti.* Berlin 1996, S. 11. *Die Morgendämmerung der Worte* (1979), (Romanes -) dt. v. Oto Bihalji-Merin, in: R. D., *Zigeunerische Elegien.* Hamburg 1989, S. 109. *Gespräch mit Gott,* in: R. D., *Die Literatur der Roma und Sinti.* Berlin 2002, S. 63. *Geboren in Auschwitz, gestorben in Auschwitz (Biande an-o Auschwitz, mule an-o Auschwitz),* Romanes (-frz. v. Marcel Courthiade) in: M. C. (Hg.), *Poésie des Rroms, Sintes, Kales.* Paris, Studienbroschüre, S. 52f., frz. v. Mireille Robin in: R. D., *Malheur à qui survivra au récit de notre mort.* Buzet sur Tarn 2003, S. 36, für das vorl. Buch übers. v. Marion Bergner und Wilfried Ihrig. *Des Blattes Fall, Farbstrudel,* unpubliziert, mit freundlicher Genehmigung des Autors.

Dudarova, Nina (1903 St. Petersburg – 1992 Moskau). Russische Romni. Lyrikerin. *Der Winter (E-zima),* Romanes in: Germano 1931, für das vorl. Buch aus dem kyrillischen Alphabet transliteriert v. Valdemar Kalinin und aus dem Romanes übers. v. Melitta Depner.

E

Eicher, Martin (um 1960 Münchenbuchsee?). Schweizer Jenischer. Musiker, Texter. *Ich und du* (1981, mit dem Bruder Stefan Eicher), auf: Grauzone, *Die sunrise tapes* (CD), 1998.

Eicher, Stephan (1960 Münchenbuchsee). Schweizer Jenischer, lebt in Frankreich (Camargue). Musiker, Texter. *Ich und du* (1981, mit Martin Eicher), auf: Grauzone, D*ie sunrise tapes* (CD), 1998. *La mi los,* Berndeutsch in: S. E., *Carcassonne* (CD), Textheft, 1993, unpaginiert.

Emin, Tracey (1963 Croydon). Englische Romni, lebt in London. Künstlerin, Lyrikerin. *Why I Never Became A Dancer,* aus dem Englischen v. Sonja Junkers, in: T. E., *Strangeland.* Berlin 2009, S. 55–59.

F

Fabiánová, Tera (1930 Žihárec – 2007 Prag). Slowakische Romni. *Komm mit mir,* (Romanes -) dt. v. Susanne Costa, in: Milena Hübschmannová, *Meine Begegnungen mit dem Sukar Laviben der Roma* (in: E. Thurner, E. Hussl, B. Eder-Jordan (Hg.), *Roma und Travellers.* Innsbruck 2015, S. 325–366), S. 345.

Finley, Karen (1956 Chicago). Amerikanische Romni, lebt in New York. Performance-Künstlerin, Lyrikerin. *die schwarzen schafe (The Black Sheep),* engl. in: K. F., *Shock treatment,* Copyright © 1990, 2015 by Karen Finley. Reprinted with the permission of City Lights Books, www.citylights.com, erweiterte Fassung, mit freundlicher Genehmigung aus dem engl. Ms. für das vorl. Buch übers. v. Wilfried Ihrig.

Franz, Philomena (1922 Biberach). Deutsche Sinteza. 1943 – 1945 KZ. Lebt in Bergisch Gladbach. Erzählerin, Lyrikerin. *Als ich ein Kind war,* in: P. F., *Tragen wir einen Blütenzweig im Herzen, so wird sich immer wieder ein Singvogel darauf niederlassen.* O. O., 2013, S. 27. *Im Wald,* in: P. F., *Stichworte.*

Norderstedt 2016, S. 85. *Wie die Wolken laufen,* in: P. F., *Wie die Wolken laufen.* Herne 2017, S. 7.

Franz, Renaldi (1960 Bensberg), Deutscher Sinto, Sohn von Philomena Franz, lebt in Bensberg. Autor, Lyriker. *Sonne,* unpubliziert, mit freundlicher Genehmigung des Autors.

Fuhler, Lee (1963 Murray River). Australischer Sinto, lebt in Melbourne. *Jazzengel (Jazz Angels),* engl. in: L. F., *The Jazz Angels.* Melbourne 2002, für das vorl. Buch übers. v. Dagmara Kraus.

Fuli, Ştefan (1950 Mureşeni – 1995 Târgu Mureş). Rumänischer Rom. Lyriker. *Stilleben (Natură statică), Das gleiche Uhrwerk (Acelaşi ceasornic),* rum. in: Franz Remmel, *Botschaft und Illusion. Zeugnisse der Literatur der rumänischen Roma.* Reşiţa 2007, S. 122, 123, für das vorl. Buch übers. v. Carmen-Francesca Banciu.

G

Germano, Alexander (1893 Startschewo-Lepskino – 1955). Russischer Rom. Lyriker. *Auf der Anklagebank damals weinte ich sehr (Me jekhvar but rundiom pe sendo),* Romanes in: A. G. (Hg.), *Almanaho Romane Poeten.* Moskau 1931, nach der Transliteration aus dem kyrillischen Alphabet v. Valdemar Kalinin für das vorl. Buch aus dem Romanes übers. v. Melitta Depner.

Gierliński, Karol Parno (1938 Poznań – 2015 Nowym Mieście nad Pilicą). Polnischer Sinto. Bildhauer, Lyriker. *Papuscha,* in: K. P. G., *Odległy dym – Rauch in der Ferne.* Polnisch-Dt. v. Karin Wolff. Frankfurt / Oder 2004, S. 32, für das vorl. Buch aus dem Poln. übers. v. Ron Mieczkowski. *Nur Asche ... (Pozostał popiół ...),* poln. in: K. P. G., *Róża pustyni.* Tarnów: Muzeum Okręgowe, 2012, für das vorl. Buch übers. v. Dorota Stroińska.

Gipsy Mafia (Rapper-Duo, Skill und Buddy, Brüder, geb. in den 80-er Jahren, Zrenjanin). Serbische Roma, 1991 mit den Eltern Exil in Deutschland, 2004 erzwungene Rückkehr nach Zrenjanin, seit 2017 Schwäbisch-Gmünd. *Antikapitalista,* aus dem Serbischen v. Skill und Buddy, in: *mangoes & bullets,* 2013.

Golemanov, Dimiter (1938–1994). Bulgarischer Rom, lebte in Sliven. Lyriker. *Aufgerichtet steht der Stein,* aus dem Englischen v. Astrid Stegelmann, in: Donald Kenrick / Grattan Puxon, *Sinti und Roma – die Vernichtung eines Volkes im NS-Staat.* Göttingen 1981, S. 139.

Gómez, Helios (1905 Sevilla – 1956 Barcelona). Spanischer Gitano. Graphiker, Lyriker. *Der Kapitalismus, Der Faschismus, In der Stadt, Auf See,* (Span. -) dt. in: *dias de ira – Schreckensherrschaft in Spanien. 23 Zeichnungen und Gedichte.* Berlin 1930, zit. nach dem Reprint in: Ursula Tjaden, *Die Hülle zerfetzen.* Helios Gómez. Berlin 1986, S. 62, 66, 88, 92. *Sacco und Vanzetti,* (Span. -) dt. v. U. T., in: U.T. 1986, S. 164. *Die Gitanos (Los Gitanos), Gesang (Canto),* span. in: H. G., *Poemas de lucha y sueño. 1942–1956.* Barcelona 2006, S. 102, 198, für das vorl. Buch übers. v. Erich Hackl.

Gómez Baos, Ana Dalila (um 1980 Balboa, Cauca). Kolumbianische Romni, lebt in Bogotá. Sachbücher, Gedichte. *Stärke (Fortaleza),* span. in: *Woumain. Poesia indigena y gitana contemporanea de Colombia.* Edición: Juan Carlos Gamboa Martínez y Gregorio Moradas Larín. Bogotá 2000, S. 66, für das vorl. Buch übers. v. Erna Pfeiffer.

Grigore, Delia (1972 Galaţi). Rumänische Romni, lebt in Bukarest. Sachbücher, Gedichte. *Wege (Dromo), Blindheit (Koripen), Glaube (Pakiv),* rumänisch in: *Babel.ro. Tineri poeti minoritari.* Miercurea-Ciuc 2002, für das vorl. Buch übers. v. Carmen-Francesca Banciu.

H

Hava-Robbins, Nadia (1953 Prag). Tschechische Romni, 1968 Emigration in die USA, lebt in Redding. Tänzerin, Lyrikerin. *Grün, gelb, blau, rot sind die Farben meines Volkes (Green, yellow, blue, red are the colours of my people),* engl. in: Ian Hancock / R. Djurić / S. Dowd (Hg.), *The roads of the Roma.* Hatfield 1998, S. 139f, für das vorl. Buch übers. v. Dagmara Kraus.

Heredia Maya, José (1947 Albuñuelas – 2010 Granada). Spanischer Gitano. Professor in Granada, Lyriker, Dramatiker. *Wenn mein Ausweis auch neu ist (Aunque sea reciente mi carnet), Sicher hat er immer noch den Karren gelenkt (Seguro seguía guiando el carromato), Drogensüchtig nach dir (Drogadicto de tí),* span. in: J. H. M., *Obra poética completa.* Granada 2013, S. 49f, 365f, 218f, für das vorl. Buch übers. v. Erich Hackl.

Hivešová, Daniela (1952 Bratislava – 2008 Prešov). Slowakische Romni. Lyrikerin, Redakteurin, Dramaturgin. *Ich hab mich lange vorbereitet, Ich trete in den Glutkreis meiner Tage,* aus dem Slowakischen v. Waltraud Jähnichen, in: Manfred Jähnichen (Hg.), *Weisse Nächte mit Hahn. Eine Anthologie der slowakischen Poesie des 20. Jahrhunderts.* Blieskastel 1996, S. 291, 292.

Horváth, Gyula (1960 Alsóvadász). Ungarischer Rom, lebt in Miskolc. Lyriker. *Die Zigeunerkolonie,* (Romanes -) aus dem Ung. v. Andrea Gyurkó unter Mitarbeit v. Cecile Gordon, in: A. G. / J. Kovács (Hg.), *Roma Lyrik aus Ungarn.* Klagenfurt 1999, S. 33.

Horváth, Jan (1959 Bílovec). Slowakischer Rom, lebt in Nový Jičin. Lyriker. *Tod – Lety (Meriben – Lety),* Romanes (- tschechisch v. Lada Viková) in: ders., *O verdan le grajenca džal – Vůz tažený koňmi jede dál.* Prag 2007, S. 43f, für das vorl. Buch aus dem Romanes übersetzt von Ruben Pellar (Übertragung in Prosa) und Wilfried Ihrig.
Lety: KZ für tschechische Roma in Lety bei Písek, heute Tschechien. Das Gelände wurde seit den 70-er Jahren bis 2017 als Schweinemastbetrieb verwendet.

Horvath, Stefan (1949 Oberwart). Österreichischer Rom. Lebt in Oberwart. Erzähler, Gedichte. *Auschwitz, warst du die Hauptstadt der Welt?,* in: S. H., *So gewaltig ist nichts wie die Angst. Texte aus zwei Jahrzehnten.* Oberwart: edition lex liszt 12, 2017, S. 121f.

I

Ibrahim, Sali (1950 Sofia). Bulgarische Romni, lebt in Sofia. Lyrikerin. *Vergrabene Jahre (Zaroveni godini),* bulg. (– rom. – engl.) in: Parushev (Hg.) 2002, S. 51, *Hellseher (Yasnovidets),* bulg. in: S. I., *Tsiganski Videniya.* Sofia 1999, beide für das vorl. Buch aus dem Bulg. übers. v. Thomas Frahm.

J

Jayat, Sandra (1939 Grenzgebiet Italien – Frankreich). Französisch-italienische Sinteza, lebt in Paris. Lyrikerin, Künstlerin. *Nomaden verboten (Interdit aux nomades),* frz. in: S. J., *Lunes nomades.* Paris 1963, S. 8ff., für das vorl. Buch übers. v. Christian Filips und Aurélie Maurin. *Ich bin nicht auf der Welt um zu folgen (Je ne suis pas née pour suivre),* frz. in: S. J., *Je ne suis pas née pour suivre.* Paris 1983, S. 12ff., für das vorl. Buch übers. v. Odile Kennel und Aurélie Maurin.

Johnstone, Lizzie (Lebensdaten nicht ermittelt). Schottische Travellerin. Gedichte. *Sitzen Sie bequem (Are you sitting comfortable),* engl. in: The Scottish Parliament, *Equal Opportunities Committee. 3rd Report, 2012* (session 4). *Gypsy / Travellers and Care*. Edinburgh 2012, S. 11f., für das vorl. Buch übers. v. Boris Faltin und Ulrich Janetzki.

Jónás, Tamás (1973 Ózd). Ungarischer Rom, lebt in Budapest. Lyriker, Erzähler. *Berechenbare Nüchternheit, Untermiete ... vielleicht endlich ...*, in: T. J., *Fünfunddreißig. Gedichte und Erzählungen*. Aus dem Ung. v. Clemens Prinz. Wien 2008, S. 13, 173–177.

Jovanović, Ilija (1950 Rumska, nahe Belgrad – 2010 Wien). Serbischer Rom, ab 1971 Exil in Wien. Lyriker. *Bündel,* (Romanes -) dt. v. I. J. und Mozes F. Heinschink, in: I. J., *Bündel. Gedichte*. Landeck 2000, S. 17. *Nachricht aus dem Jenseits, Eintauchen wollte ich,* (Romanes -) dt. in: I. J., *Vom Wegrand*. Klagenfurt 2006, S. 55, 65. *Wir sind verurteilt lebenslänglich, Die Lebenden trennen ihre Toten,* (Romanes -) dt. in: I. J., *Mein Nest in deinem Haar. Gedichte*. Mit Nachw. v. Elfriede Jelinek. Klagenfurt 2011, S. 45, 43.

Jovanović, Jarko (auch: Žarko) (1925 Batajnica – 1985 Paris). Serbischer Rom, seit 1964 Exil in Frankreich. Balalaikaspieler. *Gelem, gelem. Internationale Hymne der Roma* (Erster Roma Kongreß, London 1971, mit Ján Cibuľa), (Romanes -) dt. in: *Literatur und Kritik,* Nr. 327–328, September 1998, S. 58f.

K

Kalányos, Mónika (1973 Bogyiszló). Ungarische Romni, lebt in Budapest. Malerin, Lyrikerin. *Ich,* (Romanes -) aus dem Ung. v. Andrea Gyurkó unter Mitarbeit v. Cecile Gordon, in: A. G. / J. Kovács (Hg.), *Roma-Lyrik aus Ungarn*. Klagenfurt 1999, S. 59.

Kalinin, Valdemar (1946 Vitebsk, UdSSR, jetzt Belarus). Weißrussischer Rom, lebt in England. Bibelübersetzer (NT: 2001, AT: 2015), Lyriker. *Ich trage andere Kleider,* (Romanes -) dt. v. Melitta Depner, in: Gerald Kurdoğlu Nitsche / Bruno Gitterle (Hg.), *Steine am Wege*. Landeck 2017, S. 147. *Romani, die Sprache der Roma (Romaný Čyb), Die Linde am Asinovskoer Weg (Lipa pir Asínoňsko drom), Auf den Tod meines Lehrers (Pe Meribé sykliakiribibnáskiro), Auf Belarus fällt weißer Schnee (Pe Belarús parné ivá peréna),* Romanes (– belorussisch – engl.) in: V. K., *Romani Dreams*. London – Vitebsk 2005, S. 181, 172, 182, 180. *Zypern (Kipro),* unpubliziert, mit freundlicher Genehmigung des Autors. Alle für das vorl. Buch aus dem Romanes übers. v. Melitta Depner.

Kawczynski, Rudko (1954 Krakau). Polnischer Rom. 1956 Österreich, später BRD, Hamburg. *Bad Hersfeld,* in: Duo Z (R. K. und Tornado Rosenberg), *Ganz anders* (LP), Textheft, Dortmund 1981, unpaginiert.

Kerim, Usin (1928 Beli Vit – 1983 nahe Sliven). Bulgarischer Rom. Lyriker. *Geboren bin ich ... (Roden săm az),* bulg. (– rom. – engl.) in: Parushev (Hg.) 2002, S. 18, für das vorl. Buch aus dem Bulg. übers. v. Thomas Frahm.

Kerwich, Jean-Marie (1952 Paris – 2018 Clichy). Piemontesischer Gitan. Lyriker. *Kleine Prosagedichte,* in: J.-M. K., *Les jours simples*. Cognac: Le temps qu'il fait, 1997, S. 21, 32, 35, 37, 40, 41, 46, für das vorl. Buch übers. v. Wilfried Ihrig. *Nomaden (Les nomades), Rechtschreibfehler (Les fautes d'orthographe),* frz. in: J.-M. Kerwich, *L'Evangile du gitan*. Paris: Mercure de France, 2008, S. 22, 25, *Ich bin das ewige Buch (Je suis le livre errant),* frz. in: J.-M. K., *Le livre errant*. Paris: Mercure de France, 2017, S. 11, für das vorl. Buch übers. v. Odile Kennel.

Kirilov, Kiril (1954 Teteven). Bulgarischer Rom, Sohn von Usin Kerim. Lyriker. *Der Mond streckt wie ein Bettler (Lunata kato prosyakinya),* bulg. (– rom. – engl.) in: Parushev (Hg.) 2002, S. 70, für das vorl. Buch aus dem Bulg. übers. v. Thomas Frahm.

Kovács Hontalan, József (1950 Mohács – 2017). Ungarischer Rom. Lyriker. *Europäer,* (Romanes -) aus dem Ung. v. Andrea Gyurkó unter Mitarbeit v. Cecile Gordon, in: A. G. / J. Kovács Hontalan (Hg.), *Das Buch der Ränder. Roma Lyrik aus Ungarn.* Klagenfurt 1999, S. 69.

Kozimirenko, Michailo Gregorovic „Mixa" (1938 Tschernigow – 2005 Kiew). Ukrainischer Rom. Lyriker. *Nicht entdeckt in diesem Leben (I have not found in this life), Ich bin ein Sünder (I am a sinner)* engl. von T. G., in: Tatiana Gabrielson, *Common Ground. Ukrainian Romani (Gypsy) Poet Mixa Kozimirenko.* Saarbrücken 2009, S. 69f, 74. Beide Gedichte wurden kurz vor Kozimirenkos Tod verfaßt, die Originalfassungen sind nur in handschriftlichen Briefen an Tatiana Gabrielson, Tiflis, überliefert. Frau Dr. Gabrielson hat sie freundlicherweise für die Übersetzung ins Deutsche zur Verfügung gestellt. *Nicht entdeckt in diesem Leben (Ne naschel ja w etoj schisni),* aus dem russ. Ms. für das vorl. Buch übers. v. Irina Bondas. *Ich bin ein Sünder (Ja hrischnyk, ja welykyj hrischnyk),* aus dem ukrain. Ms. für das vorl. Buch übers. v. Claudia Dathe.

Krasnići, Ali (1952 Crkvena Vodica). Kosovarischer Rom, lebt in Subotica. Dramen, Prosa, Gedichte. *Sterne meiner Träume, Mein Leben,* aus dem Romanes, in: *Romano Centro,* Nr. 27, Wien 1999, S. 16.

Kwiek, Izolda (1954 Siemanowice Slaskie). Polnische Romni, lebt in Ruda Śląska. Sängerin, Lyrikerin. *Die Roma,* aus dem Poln. v. Anna Isabella Żurek und Edyta Konarzewska, in: Adam A. Zych / Dorothea Müller-Ott (Hg.), *Auschwitz. Gedichte.* Teil II. Oświęcim 2001, S. 201f.

L

Lăcătuş, Mircea (1962 Gherla). Rumänischer Rom, 1990 Exil in Wien, lebt seit 2013 in den USA. Bildhauer, Lyriker. *der pferdewagen in meinem herzen, brief aus dem konzentrationslager, nichts wichtiges,* in: m. l., *rund um meine eltern eine burg – construiam o cetate în jurul părinţilor mei. gedichte – poezii.* Dt. v. Aranca Munteanu – Rumänisch. Wien: edition exil, 2009, S. 42, 48, 102.

Lacková, Elena (1921 Veľký Šariš – 2003 Košice). Slowakische Romni. Erzählerin, Gedichte. *Und ihr Lied ging durch die Nacht,* aus dem Romanes, in: *Romano Centro,* Nr. 27, Wien 1999, S. 16.

Lakatos, Menyhért (1926 Vésztö – 2007 Budapest). Ungarischer Rom. Erzähler, Lyriker. *Paradiesische Träume (Édeni álmok), Für deine Blondheit (Míg szökeséged),* ung. in: M. L., *Tenyerböl mondtál jövendöt.* Budapest 1999, S. 14, 27, für das vorl. Buch übers. v. Monika Rinck und Orsolya Kalász.

Lavengro (Lebensdaten nicht ermittelt, nicht aufgelöstes Pseudonym). Englischer Rom. Lyriker. *Der Gypsy und der Jude (The Gypsy and the Jew),* engl. in: L., *The Gypsy. Poems and Ballads.* Tunbridge Wells 1973, S. 28, für das vorl. Buch übers. v. Hans-Christian Oeser.

Lawson, Henry (1867 Grenfell Goldfeld – 1922 Sydney). Australischer Gypsy. Lyriker. *An Jim (To Jim),* engl. in: H. L. , *Poetical Works.* North Ryde, (Australien) – Auckland – London 1989, S. 36f, für das vorl. Buch übers. v. Dagmara Kraus.

Le Bas, Damian James (1985 Sheffield). Englischer Rom, Sohn des Künstlers Damian Le Bas, lebt in Findon. Lyriker. *Karnickeljagd (Rabbiting),* unpubliziert, mit freundlicher Genehmigung des Autors nach dem engl. Ms. übers. v. Wilfried Ihrig.

Lee, Ronald (1934 Montreal). Kanadischer Rom. Bestseller-Roman „Goddam Gypsy" (1971), Lehrbuch des Romani, Gedichte. *Die Schlacht am Noodledom Platz (The Battle of Noodledom Common), An Yul Brynner (To Yul Brynner),* engl. in: Hedina Sijerčić (Hg.), *Kanadake-Romane Mirikle. Canadian Romani Pearls.* Toronto 1999, S. 41–46, 50, für das vorl. Buch übers. v. Wilfried Ihrig. *Die Schlacht am Noodledom Platz:* Das Gedicht beschreibt einen realen Vorfall, an dem ich als Aktivist beteiligt war, während ich 1969 in England lebte, als eine grosse Gruppe Romanichels und Travellers in Enfield, Surrey, unterstützt durch Studenten der Universität Enfield, den Versuchen widerstanden, sie mit Gewalt von einem traditionellen Lagerplatz zu vertreiben. Bald danach besuchten uns europäische Roma-Aktivisten und das Bündnis der britischen Roma und ihrer europäischen Brüder führte zum Ersten Welt Roma Kongress, am 8. April 1971. Dort wählten wir offiziell unsere Fahne und unsere Hymne (Cibula / Jovanovic 1971, W. I.) und beschlossen, den UN eine Petition für eine Repräsentanz der Roma vorzulegen. 1978 begleitete ich Yul Brynner, Dr. Ian Hancock aus Texas und den verstorbenen John Tene aus Boston, MA, zu den UN in New York, um diese Petition zu überreichen. Wir erhielten 1979 NGO Status. Deshalb war die Schlacht am Noodledom Platz nicht umsonst, auch wenn die Britische Campingplatz-Verordnung, die 1970 erlassen wurde, die notwendigen Plätze für britische Roma und Travellers nicht schützte und deren Lebensstil in Großbritannien für „illegal" erklärte. (Anm. v. Ronald Lee, 1999, a. a. O., S. 47, dt. v. W. I.)

Lehenova, Taťjaná (1961 Bratislava). Slowakische Romni, lebt in Prag. Juristin, Lyrikerin. *Dem Grase gewidmet, Ich taste ihn bloß mit den Augen an,* aus dem Slowakischen v. Ute Raßloff, in: Manfred Jähnichen (Hg.), *Weisse Nächte mit Hahn. Eine Anthologie der slowakischen Poesie des 20. Jahrhunderts.* Blieskastel 1996, S. 316f, 318f.

Lenghescu Cley, Nicolae (Lebensdaten nicht ermittelt). Rumänischer Rom. Musiker, Gedichte, verfaßte die erste Roma-Hymne. *Roma-Hymne (Imnul Romilor),* rumänisch in: Timpul, 1934, und in: Franz Remmel, *Botschaft und Illusion.* Reşiţa 2007, S. 65, für das vorl. Buch übers. v. Carmen-Francesca Banciu.
In Bukarest fand 1933 das erste internationale Roma-Treffen statt.

M

Mágó, Samuel (1996 Budapest). Ungarischer Rom, mit Roma- und jüdischer Abstammung, lebt in Wien. *Und auch nach siebzig Jahren noch,* unpubliziert, mit freundlicher Genehmigung des Autors.

Makhotin, Džhura (1951 Azerbaidjan, UdSSR – 2004 Twer, Russland). Azerbaidjanischer Rom. Autor, Musiker, Lyriker. *Die Romanisprache aus fernem Land (Romaný Čib duripnástyr),* Romanes in: D. M., *Jasvengo sabe.* Twer 2002, für das vorl. Buch übers. v. Melitta Depner.

Makhotina, Ilona (1982 Twer). Russische Romni, lebt in Twer. Tochter von Džhura Makhotin. Wissenschaftlerin, Lyrikerin. *Frag Gott (Katyr tyre xasja javle), Ganz ohne Furcht (Vastendyr xal i na darel),* Romanes in: *Anthology of the Modern Literature of the Nations of Russia.* Moskau 2017, für das vorl. Buch übers. v. Melitta Depner.

Manuš, Leksa (Alexandr Belugin, 1942 Riga – 1997 Moskau). Lettischer Rom. Lyriker, Übersetzer des Ramayana. *Steht auf, Zigeuner!,* (Romanes -) dt. (v. L. M.?) in: *Mitteilungen zur Zigeunerkunde,* Nr. 5, 1977, S. 5. *Unsere Sprache (Amari Chib – La lengua nostra),* dt. v. Thomas Benedikter, Ramona Gruberi, Laura Bortolotti und Anna Unterkircher in: Mirella Karpati (Hg.), *Sinti und Roma. Gestern und heute.* Rom o. J. (1993), S. 207. *Ode an das zwanzigste Jahrhundert (Ode to the Twentieth Century),* engl. v. L. M. in: Ian Hancock /

S. Dowd / R. Djurić (Hg.), *The Roads of the Roma*. Hatfield 1998, S. 54, für das vorl. Buch übers. v. Boris Faltin und Ulrich Janetzki.

Maximoff, Matéo (1907 Barcelona – 1999 Paris). Spanischer Rom, lebte seit 1920 in Frankreich. Romane, Gedichte. *Das Monster,* in: M. M., *Verdammt zu leben. Zigeunerroman.* Aus dem Französischen v. Elisabeth Profos-Sulzer. Bern 1988, S. 148-150.

Mayer Pasquale, Vittorio (1927 Appiano – 2005 Bolognano D'Arco). Italienischer Sinto. Musiker, Lyriker. *Deportation (Deportazione),* ital. in: *lacio drom,* 1969, Nr. 3–5, S. 34, dt. v. Wolftraud de Concini in: *Jahrbuch 1990. Dokumentationsarchiv des österreichischen Widerstandes.* Wien 1990, S. 30.

McPhee, Jimmy (um 1965). Schottischer Traveller, lebt in Glasgow. Blogger, Lyriker. *Wohlstand durch Kunst (Wealth of Art),* engl. in: J. M.P., blogspot, 2017, für das vorl. Buch übers. v. Wilfried Ihrig.

Mehr, Christian (1966 Bern, Frauengefängnis Hindelbank). Schweizer Jenischer, Sohn von Mariella Mehr, Vater „jüdischer und zigeunerischer herkunft" (Mariella Mehr, *Kinder der Landstrasse.* Bern 1987, S. 36). Musiker, Gedichte. *Die Möndin,* in: *Alpha,* März 1982, S. 25.

Mehr, Mariella (1947 Zürich). Schweizer Jenische. Wegen Nazi-Überfall 1997–2015 Exil in Italien. Journalistin, Schriftstellerin. Romane, Gedichte, Theaterstücke, Reportagen. *mauern stürzen,* in: M. M., *in diesen traum schlendert ein roter findling.* Bern 1983, S. 36, zuletzt in: *Widerworte.* Zürich: Limmat Verlag, 2017, S. 310. *nachdenken über anni b.,* in: M. M., *Rückblitze.* Bern 1990, S. 226f. (© 1990 Zytglogge Verlag Oberhofen) *Kein Meer lag uns zu Füßen, Von Scham zeugt dein verschlossener Mund,* in: M. M., *Nachrichten aus dem Exil. Nevipe andar o exilo.* Romanes von Rajko Djuric. Klagenfurt: Drava, 1998, S. 37, 17. *Veijo, Bruder,* in: M. M. *Das Sternbild des Wolfes.* Klagenfurt: Drava, 2003, S. 60f. *Stürzt dein Gehirn,* (italienisch von Anna Ruchat -) dt. in: M. M., *Ognuno incatenato alla sua ora.* Turin 2014, S. 156. © für alle Gedichte: Mariella Mehr.

Micheline, Jack (1929 New York, Bronx – 1998 San Francisco). Amerikanischer Gypsy: „I am a Irish, gypsy, Romanian Jewish Anarchist" (J. M. 1997/1999, S. 163)). Lyriker. *Die Trebe dauert jetzt schon viel zu lang (I've been scared too long),* engl. in: J. M., *North of Manhattan. Collected poems, ballads and songs.* San Francisco 1976, S. 189, dt. v. Carl Weissner unter dem Titel *Zimmer* 107, in: Charles Bukowski / C. W. (Hg.), *Terpentin on the rocks. Die besten Gedichte aus der amerikanischen Alternativpresse.* Augsburg: Maro Verlag, 1978, S. 65f. *Geschichte ist schön (History is beautiful),* engl. in: J. M., *sixty-seven poems for downtrodden saints.* San Francisco 1997/1999, für das vorl. Buch übers. v. Wilfried Ihrig.

Minder, Albert (1879 Walkringen – 1965 Burgdorf). Schweizer Jenischer. Maler, Erzähler, Lyriker. *Kleinstädtische 1. Maifeier,* in: A. M., *Der Sohn der Heimatlosen.* Burgdorf o. J. (1925), S. 105.

Mirga, Jan (1947 Czarny Dujanec) Polnischer Rom, lebt in Czarna Góra. Lyriker. *Vielleicht könnte man? (A może by tak?),* poln. in: J. M., *kto nas – ocali.* Tarnów: Muzeum Okręgowe, 2007, S. 37, für das vorl. Buch übers. v. Dorota Stroińska.

Mirga, Teresa (1956 Czarna Góra). Polnische Romni, lebt in Czarna Góra. Musikerin, Lyrikerin. *Am Fluss liegen (Nad rzeką leżą), Schwierig ist mein Weg (Moja droga trudna),* poln. in: T. M., *wiersze i pieśni.* Tarnów: Muzeum Okręgowe, 2006, S. 25, 53, für das vorl. Buch übers. v. Dorota Stroińska.

Morley, David (1964 Blackpool). Englischer Rom. Professor für creative writing in Warwick und Melbourne, Lyriker. *Eiszapfenstahl (Icicle-steel), Sèsi o Lety U*

Písku, engl. in: D. M., *The Invisible Kings*. Manchester 2007, S. 10, 15. *Der Rom und der Poet (The Gypsy and the Poet)*, engl. in: D. M., *The Gypsy and the Poet*. Manchester 2013, S. 91. *Ich quin eine Queckenbraunelle (I quam a Quunnock), Lorca, eine Erscheinung (Lorca, an Apparition), Migration*, engl. in: D. M., *The Magic of What's There*. Manchester 2017, S. 11, 33, 35. Alle für das vorl. Buch übers. v. Hans-Christian Oeser.
Lety: Konzentrationslager für Roma in Lety bei Písek, im heutigen Tschechien. *Lorca, eine Erscheinung:* Das Gedicht ist eine wörtliche oder abgewandelte Übernahme von Wörtern und Sätzen aus einem Vortrag von Lorca: „Die Zigeuner-Siguyriya beginnt mit einem schrecklichen Schrei, der die Landschaft in zwei ideale Hemisphären teilt. Es ist der Schrei der toten Generationen, die schrille Elegie der verschwundenen Jahrhunderte; es ist die pathetische Beschwörung der Liebe unter andern Monden und andern Winden. (...) Aber kein Andalusier kann dem Gefühl des Schauderns widerstehen, wenn er diesen Schrei hört (...)." (Federico Garcia Lorca: *El cante jondo: primitivo cante andaluz*. Vortrag 1922. In: *Obras completas*. Madrid: Aguilar, 1967. S. 295–342. Dt. v. Enrique Beck, zit. n. Ernst Rudin: *Der Dichter und sein Henker? Lorcas Lyrik und Theater in deutscher Übersetzung, 1938–1998*. Kassel 2000, S. 45.) (Anm. d. Übers.)

Motos Pérez, Isaac (1973 Santander). Spanischer Gitano. Wissenschaftler, Lyriker. *Stille (Silencio)*, span in: I. M. P., *Palabras de Agua*. Madrid 1997, S. 12, für das vorl. Buch übers. v. Thomas Brovot.

Mungenast, Romedius (1953 Zams – 2006 Innsbruck). Österreichischer Jenischer. Lyriker. *Jenische Reminiszenzen*, (Jenisch -) dt. in: Gerald Nitsche (Hg.), *Österreichische Lyrik – und kein Wort Deutsch*. Innsbruck 1990, S. 27–29. *Nichtsbesitzen behördlich verboten!, Viel Geld!*, (Jenisch -) dt. in: R. M. / Gerald Kurdoğlu Nitsche (Hg.), *Jenische Reminiszenzen*. Landeck 2001, S. 149, 151.

Munro, Charlotte (1940 Moulin, Pitlochry). Schottische Travellerin, Schwester von Jess Smith, lebt in Kingskettle, Fife. Lyrikerin. *Schottlands Ausgestossene (Scotland's Outcasts)*, engl. in: Jess Smith, *Tales from the tent*. Edinburgh 2003, S. 187, für das vorl. Buch übers. v. Melitta Depner.

Munteanu, Laura A. (1983 Bukarest). Rumänische Romni, lebt seit 2008 in York, England. Erzählerin, Lyrikerin. *Ein schlafender Riese erwacht (A sleeping giant wakes), Fabelvogel (Fabulous Bird)*, engl. (- rum.) in: L. M., *Street Dog Music*. York 2015, S. 68, 98, für das vorl. Buch aus dem Engl. übers. v. Dagmara Kraus.
A sleeping giant wakes: Ich selbst als Urias, der wie andere Figuren der rumänischen Folklore viel Zeit in anderer Gestalt verlebt. (Anm. d. Autorin)
Fabulous Bird: Das rumänische Gegenstück zum irischen Lachs des Wissens, der Travellers die Weisheit mitteilt, auf eine etwas kapriziöse Art. Er ist leicht zu erkennen an seinem prächtigen Gefieder. (Anm. d. Autorin)

N

Nagy, Gusztáv (1954 Békés). Ungarischer Rom, lebt in Budapest. Lyriker, Erzähler. *Metamorphose*, (Romanes -) aus dem Ung. v. Andrea Gyurkó unter Mitarbeit v. Cecile Gordon, in: A. G. / J. Kovács (Hg.), *Roma Lyrik aus Ungarn*. Klagenfurt 1999, S. 135.

Nikolić, Jovan (1955 Belgrad). Serbischer Rom, seit 1999 Exil in Köln. *Gast nirgendwoher* (1982), *Zimmer und Rad* (2002), in: J. N., *Zimmer mit Rad. Gedichte und Prosa*. Aus dem Serbischen v. Bärbel Schulte. Klagenfurt 2004, S. 17, 22. *Der Leib*, aus dem Serbokroatischen v. Astrid Philippsen, in: *Sinn und Form*, 2002, Nr. 3. *Epitaph*, unpubliziert, mit freundlicher Genehmigung des Autors.

O

Odley, Tom (1929 Isle of Sheppey – 2007). Englischer Rom. Lyriker. *Nur ein Gyppo: Rette, wenn sie dich brauchen! (Just ›Gyppo‹: Save when they need you!)*, engl. in: Dennis Binns (Hg.), *Gavvered all around. A Collection of Gypsy Poetry.* Manchester 1987, S. 32/34, für das vorl. Buch übers. v. Dagmara Kraus.

Oláh, Vlado (1947 Stropkove – 2012 Prag). Slowakischer Rom. Bibelübersetzer, Lyriker. *Geld ist kein Reichtum (Love nane barvaľipen)*, Romanes (- tschechisch v. Lada Viková) in: ders., *Amaro drom pal o Udut – Naše cesta za Světlem.* Prag 2006, S. 89f, für das vorl. Buch aus dem Romanes übers. v. Ruben Pellar (Übertragung in Prosa) und Wilfried Ihrig.

Ortega, Antonio (Rubio) (1971 Sevilla). Spanischer Gitano. Sachbücher, Gedichte. *Unsonett der dunklen Nacht (Insoneto de la noche oscura)*, span. in: A. O. , *Inverso.* Castilleja de la Cuesta 2014, S. 59f, für das vorl. Buch übers. v. Erich Hackl.

Osman, Nedjo (1958 Skopje). Mazedonischer Rom, seit 1992 Exil in Köln. Schauspieler, Lyriker. *Gebäre mich nicht* (1980), *Othello*, (Romanes -) dt. v. Mirjana und Klaus Wittmann, in: N. O., *Gebäre mich nicht. Gedichte.* Weilerswist 2006, S. 16, 48.

Osztojkán, Béla (1948 Csenger – 2008 Budapest). Ungarischer Rom. Erzähler, Lyriker. *Legende über die Liebe (Legenda a Szerelemröl)*, ung. in: *Madarak aranyhegedün. Európai cigány költök és írók müvei.* Budapest 1996, S. 182, für das vorl. Buch übers. v. Monika Rinck und Orsolya Kalász.

P

Paćaku, Kujtim (1959 Prizren – 2018 Prizren). Kosovarischer Rom. Redakteur, Dramatiker, Lyriker. *Ramayana (Ramajàno)*, Romanes (- frz. v. Marcel Courthiade) in: K. P., *(Les oiseaux du ciel –) E devlesqe ćirikle.* Paris 2015, S. 53/55, für das vorl. Buch aus dem Romanes übers. v. Melitta Depner.

Pankova, Olga (1911 St. Petersburg – 1983 Moskau). Russische Romni. Journalistin, Lyrikerin, die erste Roma-Autorin, die einen Gedichtband publizierte. *Er tauschte mit Bauern Pferde (Jov parudia gadženca gren)*, Romanes in: Germano 1931, nach der Transliteration aus dem kyrillischen Alphabet v. Valdemar Kalinin für das vorl. Buch aus dem Romanes übers. v. Melitta Depner.

Papuscha (Bronisława Wajs, um 1910 Polen – 1987 Inowrocław). Polnische Romni. Lyrikerin. *Ohrring aus Laub (Kolczyk z Liścia)*, poln. in: Jerzy Ficowski: *Cyganie na polskich drogach*, Krakau 1985, für das vorl. Buch übers. v. Ron Mieczkowski.

Parushev, Georgi (1950 Sliven). Bulgarischer Rom. Lyriker, Fernsehdrehbücher. *Die Blumen gehen (Tsvetyata hodyat)*, bulg. (- Romanes - engl.) in: G. P. (Hg.), *Antologija e Romane Poezijake. Anthology of Roma Poetry.* Bulgarisch – Romanes – Englisch. Sofia 2002, S. 61ff, *Irrenhaus für Zigeuner (Ludnitsa za Tsigani)*, bulg. in: G. P., *Ludnitsa za Tsigani.* Sofia 2003, für das vorl. Buch aus dem Bulg. übers. v. Thomas Frahm.

Petrov, Michail (1968 Sofia). Bulgarischer Rom. Lyriker. *Wen soll ich fragen? (Kogo da popitam?)*, bulg. (– Romanes – engl.) in: Parushev (Hg.) 2002, S. 80, für das vorl. Buch aus dem Bulg. übers. v. Thomas Frahm.

Petrović, Milutin (1941 Kraljevo). Serbischer Rom, lebt in Belgrad. Lyriker. *Reglos schaut der Schwan*, aus dem Serbischen v. Matthias Buchholz, in: Manfred Jähnichen (Hg.), *Das Lied öffnet die Berge. Eine Anthologie der serbischen Poesie des 20. Jahrhunderts.* Blieskastel 2004, S. 314. *Was tue ich*, in: *manuskripte* 143, Graz 1999, S. 118, *Ich wich noch nicht ab*, in: manuskripte 145,

Graz 1999, S. 189, aus dem Serbischen v. Elke Schwarz-Mahmuti u. Aslan Mahmuti.

R

Radetić, Tihomir (1955). Bosnischer Rom, lebt in Zürich. Filmregisseur, Erzähler. *Die Zeit,* aus dem Serbischen übers. v. Ivana Arsenijević, in: T. R., *Mutter Erde.* Roman. Belgrad 2002, S. 140.

Rafi, Lajos (1970 Târgu Mureş / Marosvásárhely – 2013 Lăzarea / Gyergószárhegy). Ungarisch-rumänischer (Transsylvanischer) Rom, der in Rumänien lebte, aber ungarisch schrieb und in Ungarn publizierte. Er gilt deshalb als ungarischer Lyriker. *Worte (Szavak), Die relative Stadt (A relatív város),* ung. in: L. R., *Földhöz vert csoda.* Budapest 2007, und in: L. R., *Halottként él az Isten. Összegyüjtött versek.* Kolozsvár 2017, S. 37, 72, für das vorl. Buch übers. v. Monika Rinck und Orsolya Kalász.

Randov, Ivan (1962 Gromshin). Bulgarischer Rom. Musiker, Lyriker. *Nahmen mir das Messer... (Vzeha mi noža ...),* bulg. (– rom. – engl.) in: Parushev (Hg.) 2002, S. 77, für das vorl. Buch aus dem Bulg. übers. v. Thomas Frahm.

Reidy, Jessica (um 1980 Newburyport). Amerikanische Romni, lebt in New York. Lyrikerin. *Lorca,* engl. in: *Arsenic lobster. Poetry Journal,* 2010, Nr. 22, für das vorl. Buch übers. v. Dagmara Kraus.

Reinhardt, Dotschy (Michaela Reinhardt, 1975 Ravensburg). Deutsche Sinteza, lebt seit 2003 in Berlin. Sängerin, Sachbuchautorin. *Chaplins Geheimnis,* unpubliziert, mit freundlicher Genehmigung der Autorin. Aus dem Ms. für das vorl. Buch übers. v. Ulrich Janetzki.

Reiznerová, Margita (1945 Malý Bukovec). Slowakische Romni, lebte nach Kriegsende in Prag, seit 1996 wegen Shinhead-Überfalls im Exil in Belgien. Erzählerin, Lyrikerin. *Ich will sprechen,* (Romanes -) dt. v. Susanne Costa, in: Milena Hübschmannová, *Meine Begegnungen mit dem Sukar Lavipen der Roma* (in: E. Thurner, E. Hussl, B. Eder-Jordan (Hg.), *Roma und Travellers.* Innsbruck 2015, S. 325–366), S. 341. *Traum I (Suno I), Traum II (Suno II),* Romanes (– tschechisch v. M. Hübschmannová) in: M. R., *Suno.* Prag 2000, und Romanes (– ukrainisch) in: M. R., *Suno.* Uzhgorod, Ukraine, 2003, S. 10, 18, für das vorl. Buch aus dem Romanes übers. v. Ruben Pellar (Übertragung in Prosa) und Wilfried Ihrig.

Rigó, József (1966 Tata). Ungarischer Rom, lebt in Szákszend. Lyriker. *In Schnee gefallenes Gedicht,* (Romanes -) aus dem Ung. v. Andrea Gyurkó unter Mitarbeit v. Cecile Gordon, in: A. G. / J. Kovács (Hg.), *Roma Lyrik aus Ungarn.* Klagenfurt 1999, S. 147.

Rivero Torres, Agustin (1919 Ecija – 2002 Madrid). Spanischer Gitano. Lebte ab 1960 in Buenos Aires, später in Guanajuato, Mexiko, zuletzt wieder in Spanien. Lyriker. *Carlos und Manuel, eine Begegnung (Encuentro de Carlos y Manuel),* span. in: A. R. T., *Andalucía Viva.* Mexico City 1986, S. 123–125, für das vorl. Buch übers. v. Thomas Brovot. *Gebet (Oracion),* span. in: A. R. T / Basilio G. Cabello / Saturnino C. Carretero, *Fragua Gitana.* Madrid 1941, S. 30, *Orangen und Zitronen (Naranjas y Limones),* span. in: A. R. T., *Poemaria.* Ecija 2013 (Internet), S. 110, beide für das vorl. Buch übers. v. Erich Hackl. *Encuentro de Carlos y Manuel* erschien in Riveros mexikanischen Büchern (Erstfassung in: A. R. T., *Yunque Gitano.* Mexico City 1967, S. 61–65), in Spanien nur die gekürzte Fassung *Encuentro* (A. R. T., *Romancero de un auténtico Gitano.* Madrid 1979, S. 111f).

Romanès, Alexandre (1950 Paris). Französischer Rom, lebt in Paris. Lyriker,

Lautenspieler. *Zwischen der Welt und mir (Entre le monde et moi), Im Gras sitzend (Assis dans l'herbe),* frz. in: A. R., *Paroles perdues,* Paris: Gallimard, 2004, S. 34, 82, dt. v. Sidonia Bauer, in: S. B., *Einführung in die französische Gegenwartspoesie.* Berlin: Frank & Timme, 2016, S. 168, 174. *ich habe die welt in zwei geteilt (J'ai partagé le monde), man müßte (On devrait),* frz. in: A. R., *Sur l'épaule de l'ange.* Paris: Gallimard, 2010, S. 19, 27, Kleine Prosagedichte, frz. in: A. R., *Le Luth noir.* Castellare-di-Casinca: Éditions Lettres Vives, 2017, S. 13, 25, 41, 43, 45, 48, 55, für das vorl. Buch übers. v. Wilfried Ihrig.

Rosenberg, Marianne (1955 Berlin). Deutsche Sinteza, lebt in Berlin. Sängerin, Autorin, Texterin. *Trauriger Stolz, So still wie dein Herz,* auf *Kokolores* (Hörbuch-CD), Delta Music GmbH 2006 (Autobiographie: List Verlag 2006). *Zwischen den Welten,* unpubliziert. Alle Gedichte mit freundlicher Genehmigung der Autorin. © Marianne Rosenberg.

Rosenberg, Tornado (Mitte der 50-Jahre Hamburg). Deutscher Sinto, lebt in Hamburg. Musiker. *Bad Hersfeld,* in: Duo Z (T. R. und Rudko Kawczynski), *Ganz anders* (LP), Textheft. Dortmund 1981, unpaginiert. Im Textheft belegen Tornado Rosenberg und Rudko Kawczynski den Protestsong gegen die typische reaktionäre Kurstadt Bad Hersfeld mit: *In Auschwitz vergast, bis heute verfolgt. Zur Situation der Roma in Deutschland und Europa.* Reinbek bei Hamburg 1979, rororo-aktuell 4430, S. 203–226.

S

Saiti, Agim (1955 Peć). Kosovarischer Rom, lebt im Exil in Rom. Lyriker. *Emigration (Emigrimi),* albanisch (– serbisch – italienisch) in: A. S., *Io sono Rom del mio Kosovo – Me sem Rrom mire Kosovaqo.* Romanes – alb. (– ital. – serb.). Rom 2016, S. 126, für das vorl. Buch aus dem Albanischen übers. v. Bardha Wiese.

Šajnovič, Rajko (1948 Region Bela Krajina). Slowenischer Rom, lebt in Kočevje. Lyriker. *Arm und reich,* aus dem Romanes, in: *Romano Centro,* Nr. 50, Wien 2005, S. 8.

Satkevič, Nikolai (1917 Bryansk – 1991 Irkutsk). Russischer Rom. Lyriker. *Ich breche auf, mein Glück zu suchen (Vydžava mro baxt te rodav),* Romanes in: ders., *Tsyganskije mirikle.* Archangelsk 1977, für das vorl. Buch aus dem kyrillischen Alphabet transliteriert v. Valdemar Kalinin und aus dem Romanes übers. v. Melitta Depner.

Schauer-Glatz, Sieglinde (1948 Haining, Tirol). Österreichische Jenische, lebt in Innsbruck. Lyrikerin. *Im Lager der Reichenau,* in: Gerald Kurdoğlu Nitsche / Bruno Gitterle (Hg.), *Steine am Wege.* Landeck 2017, S. 182.

Schein, Mihai (Lebensdaten nicht ermittelt). Rumänischer Rom. Fabrikarbeiter, Lyriker. *Die Märtyrer von Temeswar,* (Romanes – rumänisch -) aus dem Romanes v. Mozes F. Heinschink, in: Beate Eder-Jordan, *Literaturproduktion von Roma in Rumänien* (in: J. Blantfort, M. Hertrampf (Hg.), *Grenzerfahrungen: Roma-Literaturen in der Romania.* Berlin 2011, S. 145–168), S. 157 f.

Schönett, Simone (1972 Villach). Österreichische Jenische. Erzählerin, Lyrikerin. *mühle, rucksack, hammer, versteckt,* (Jenisch -) dt. in: Gerald Kurdoğlu Nitsche (Hg.), *Neue österreichische Lyrik – und kein Wort Deutsch.* Innsbruck – Wien 2008, S. 249. *Menüplanung zweier Dichter,* unpubliziert, mit freundlicher Genehmigung der Autorin.

Schöpf, Paola (1953 Bozen). Italienische Sinteza, lebt in Südtirol, Italien. Lyrikerin. *Schwester Freundin Dirne (Sorella amica prostituta),* ital. in: P. S., *La mendicante dei sogni.* Bolzano 1997, S. 53f, (ital. -) dt. v. Wolftraud de Concini, in: Paola Tonninato, *Vom Leiden schreiben. Die Lyrik von Paula Schöpf* (in: Elisabeth Tauber (Hg.), *Sinti und Roma. Eine Spurensuche.* Arunda 67.

Schlanders 2005, S. 121–133), S. 130.

Sejdić, Aladin (1970 Rom). Italienischer Rom, lebt in Köln. Sohn von Rasim Sejdić. Lyriker. *Die rote Rose, Das Leben und ich,* (Romanes -) dt. v. Gordana Herold, in: S. Stojko / Hanci Briher / A. S. / R. R. Sejdović, *Kali čirikli – Der schwarze Vogel.* Köln 1998, S. 47, 63.

Sejdić, Rasim (1943 Banja Luka – 1981). Bosnischer Rom, lebte im Exil in Italien. Lyriker. *Sie haben die Violine der Zigeuner zertreten (Gazisarde romengi violina)* (1978), Romanes - ital. in: R. S., *Eppure cantano le loro anime.* Mailand 2013, S. 22ff, dt. v. Wolftraud de Concini in: *Jahrbuch 1990. Dokumentationsarchiv des österreichischen Widerstandes.* Wien 1990, S. 31.

Sejdovič, Ruždija (1966 Ubli-Kuče, nahe Podgorica). Montenegrinischer Rom, lebt seit 1989 in Deutschland, Köln. Lyriker, Erzähler, Künstler. *Lieder von deinen Lippen (Gilă te vuśtendar),* Romanes in: R. R. S., *Svjetlost u ponoć.* Podgorica 2012, (Rom. -) dt. v. Melitta Depner in: Gerald Kurdoğlu Nitsche / Bruno Gitterle (Hg.), *Steine am Wege.* Landeck 2017, S. 142. *Sweet Bitter Love und die Lämmer von Kuče,* aus dem Romanes v. Melitta Depner, in: *nevipe,* Köln 2016, Nr. 1, S. 36. *Autoporträt,* unpubliziert, mit freundlicher Genehmigung des Autors, nach dem Romanes-Ms. übersetzt von Melitta Depner.

Slee, Yvonne (1969 Deutschland). Deutsche Sinteza, lebt seit 1986 in Australien. Sachbücher, Gedichte. *Was zählt (Make us count),* engl. (- Romanes v. H. T.-S.) in: H. Tahirović-Sijerčić (Hg.), *Like Water – Sar o Paj. A collection of poems by Romani women.* Brisbane 2010, S. 36, für das vorl. Buch übers. v. Wilfried Ihrig.

Smith, Charles (1956 Essex – 2005). Englischer Rom. Lyriker. *Identität (Identity),* engl. in: C. S., *Not all wagons and lanes.* Essex 1995, S. 28, für das vorl. Buch übers. v. Dagmara Kraus.

Smith, Jess (1948). Schottische Travellerin, lebt in Perthshire. Romane, Gedichte. *Schottlands Kind (Scotia's Bairn),* engl. in: *Sunday Post,* Dundee, Milleniumsausgabe, und in: J. S., *Jessie's Journey. Autobiography of a Traveller Girl.* Edinburgh 2003, S. 240ff, für das vorl. Buch übers. v. Dagmara Kraus.

Smith, Ray (Lebensdaten nicht ermittelt). Englischer Rom. Lyriker. *Roma, erhebt euch! (Opre Roma!),* engl. in: R. S., *One hand clapping. The romany poetry.* Derbyshire 1995, für das vorl. Buch übers. v. Dagmara Kraus.

Sodenkamp, Andrée (1906 Saint-Josse-ten-Noode – 2004 Walhain). Belgische Tsigane. Lyrikerin. *Ich stamme aus der Zeit,* in: A. S., *et l'amour brûle – und es brennt die Liebe.* Frz. - dt. v. Rudolf Dumont du Voitel. Brüssel 1972, S. 31.

Spinelli, Santino (1964 Pietrasanta). Italienischer Rom, lebt in Lanciano. Musiker (Künstlername: Alexian), Lyriker, Professor an der Universität Triest. *Unschuld,* Romanes – ital. in: S. S., *Gili Romani – Canto zingaro.* Rom 1988, (Romanes -) dt. v. Thomas Benedikter, Ramona Gruberi, Laura Bortolotti und Anna Unterkircher in: Mirella Karpati (Hg.), *Sinti und Roma. Gestern und heute.* Rom 1993, S. 221. *Auschwitz,* Romanes – ital. in: S. S. 1988, (Romanes -) dt. v. Reinhold Lagrene, in: R. L., *„Grenzerfahrungen" der Sinti in Deutschland, Frankreich und Italien* (in: J. Blandfort / M. Hertrampf (Hg.), *Grenzerfahrungen. Roma-Literaturen in der Romania.* Berlin 2011, S. 109–119), S. 116, und in: *Denkmal für die im Nationalsozialismus ermordeten Sinti und Roma Europas* (Faltblatt für Besucher). Berlin o. J. (2012). *Melologo für die Opfer des Nazi-Hasses. Gegen das Vergessen,* (Romanes – engl. – ital. – frz. – span. -) dt. v. S. S. in: Alexian S. S., *Romanó Drom* (Musica Romani Vol. 1.3). Bologna 2008, S. XXV.

Stankiewicz, Stanisław Stahiro (1943). Polnischer Rom, lebt in Białystok. Autor, Lyriker. *Die Wahrsagerin (Drabarnica / Wróżka),* Romanes - poln. in: S. S. S., *romano drom. romska droga.* Tarnów: Muzeum Okręgowe, 2011, S. 10, für das vorl. Buch aus dem Poln. übers. v. Dorota Stroińska. *Oft seh' ich mein Leben in Träumen (Miro dzipen dykhav univar dre sune)* (2017), unpubliziert, mit freundlicher Genehmigung des Autors nach dem Romanes-Ms. für das vorl. Buch übers. v. Melitta Depner.

Stojka, Ceija (1933 Kraubarth – 2013 Wien). Österreichische Romni. 1943–1945 KZ. Erzählerin, Lyrikerin, Künstlerin. *Ich Ceija sage Auschwitz lebt, Eine Schneeflocke, Ein ganzes Leben da gelebt,* aus dem Romanes v. C. S. und Nuna Stojka, in: C. S., *Meine Wahl zu schreiben – ich kann es nicht. O fallo de isgiri – me tschischanaf les.* Landeck 2003, S. 24, 48, 61. *auschwitz ist mein mantel, e kamesgi luludschi – die sonnenblume,* in: C. S., *Auschwitz ist mein Mantel.* Wien 2008, S. 5, 9.

Stojka, Harri (1957 Wien). Österreichischer Rom. Neffe von Ceija Stojka. Musiker, Lyriker. *paunza, sinnlos, geografie,* wienerisch in: H. S. / Walter Schmögner, *a guada tog.* Graz: edition keiper, 2016, S. 38, 79, 89.

Stojko, Steva (1970 Vrsac). Serbischer Rom. lebt in Deutschland. Lyriker. *Ich erwache,* (Romanes -) dt. v. Goranka Jarić Vogl, in: S. S. / Hanci Briher / A. Sejdić / R. R. Sejdović, *Kali čirikli – Der schwarze Vogel.* Köln 1998, S. 35.

Storey, Jimmy (geb. in England, Lebensdaten nicht ermittelt). Englischer Rom, lebt in Australien. Lyriker. *Neuer Rom (New Rom),* engl. in: J. S., *Over there.* New South Wales 1983, und in: Ian Hancock / S. Dowd / R. Djurić (Hg.), *The Roads of the Roma.* Hatfield 1998, S. 104f, für das vorl. Buch übers. v. Dagmara Kraus.

Szokolyai, Diana Norma (1981 USA). Amerikanische Romni, lebt in Brooklyn. Künstlerin, Lyrikerin, Dozentin und Artistic Director am Cambridge Writers' Workshop. *wieder fällt die stadt in mein herz (The city is falling in my heart again),* engl. in: D. N. S. 2008, S. 43, für das vorl. Buch übers. v. Hans-Christian Oeser. *Flamenco-Stunde in Sacromonte (Flamenco Lesson in Sacromonte)* unpubliziert, mit freundlicher Genehmigung der Autorin aus dem engl. Ms. übers. v. Boris Faltin u. Ulrich Janetzki. www.diananorma.com

Szolnoki Csanya, Zsolt (1962 Miskolc). Ungarischer Rom, lebt in Erd-Parkváros. Künstler, Lyriker. *Schwarzer Schmetterling,* (Romanes -) aus dem Ung. v. Andrea Gyurkó unter Mitarbeit v. Cecile Gordon, in: A. G. / J. Kovács (Hg.), *Roma Lyrik aus Ungarn.* Klagenfurt 1999, S. 155.

T

Tahirović-Sijerčić, Hedina (1960 Sarajevo). Bosnische Romni, lebt in Bosnien, Kanada und Deutschland. Wissenschaftlerin, Lyrikerin. *Guten Tag, ihr Roma,* Romanes – engl ., in: H. T.-S., Dukh – Pain. Toronto 2007, S. 2f, (Romanes -) dt. v. Melitta Depner, in: Gerald Kurdoğlu Nitsche / Bruno Gitterle (Hg.), *Steine am Wege.* Landeck 2017, S. 134. CV 3 (aus der Serie *Curricula Vitae*), Romanes - bosn. in: H. T.-S., *Čuj, osjeti bol – Ashun, hachar Dukh!* Sarajevo 2010. Mit freundlicher Genehmigung der Autorin nach dem unpublizierten engl. Ms. für das vorl. Buch übers. v. Boris Faltin und Ulrich Janetzki.

Taikon, Rosa (1926 Tibro – 2017). Schwedische Romni. Schwester der Jugendbuchautorin Katarina Taikon. Schauspielerin, Silberschmiedin, Gedichte. *Ich hatte einen bösen Traum (Dikhlem jek źungalo suno – En ond dröm),* Romanes – schwedisch in: Gunilla Lundgren (Hg.), *Utan hus utan grav. Romska sånger och dikter.* Stockholm 2002, S. 102, für das vorl. Buch aus dem Romanes und dem Schwedischen übers. v. Melitta Depner.

Tchaprazov, Vasil (1945 Sliven). Bulgarischer Rom. Lyriker. *Fischer, He, Bruder,* bulg. in: V. T., *Tsigansko Lyato.* Sofia 2005, dt. v. Thomas Frahm, in: *Sinn und Form.* 2017, Nr. 3, S. 374ff.

V

Vonstadl, Peter (1951 Haining). Österreichischer Jenischer, der erste, der Gedichtbände publizierte, lebt in Innsbruck. Lyriker. *Schütze & Schützinnen,* in: P. V., *Sein in Babylon.* Innsbruck 1993, S. 52. *Am Anfang, WAS ich geworden bin,* in: *Die SMS des Peter Vonstadl an Herbert Fuchs.* Innsbruck 2006, unpaginiert.

W

Ward, Chrissie (1947 Belfast). Irische Travellerin. Prosa, Gedichte. *Der Stein (The stone),* engl. in: Ian Hancock / S. Dowd / R. Djuric (Hg.), *The Roads of the Roma.* Hatfield 1998, S. 119f, für das vorl. Buch übers. v. Hans-Christian Oeser.

Weiss, Häns'che (1951 Berlin – 2016 Berlin). Deutscher Sinto. Musiker. *Lasst uns unser Recht fordern (Lass maro tschatschepen),* (Romanes –) dt. v. Siegfried Maeker, auf: Häns'che Weiss Quintett, *Fünf Jahre Musik deutscher Zigeuner.* Intercord 1977 (LP), Plattenhülle.

Wenger, Graziella (1936 Chur). Schweizer Jenische. Lyrikerin. *Vergangenheitsbewältigung oder Aufschrei eines Volkes* (um 1986), in: G. W., *Andreas, ein Opfer der Aktion Kinder der Landstrasse* (in: H. Kanyar Becker (Hg.), *Jenische, Sinti und Roma in der Schweiz.* Basel 2003, S. 39–101), S. 51f.

Williamson, Duncan (1928 Loch Fyneside – 2007). Schottischer Traveller. Erzähler, Gedichte. *Beim Weidengarten unten (The Sally gardens),* engl. in: Timothy Neat with John MacInnes, *The Voice of the Bard.* Edinburgh 1999, S. 254/256, für das vorl. Buch übers. v. Hans-Christian Oeser.
Anmerkung: Williamson hat das berühmte Gedicht *Down by the Salley Gardens* von William Butler Yeats verändert und fortgesetzt (Strophe 1–4: Yeats, Strophen neu arrangiert, dt. v. Mirko Bonné, Strophe 5–7: Duncan Williamson). Sally ist die irische Form für Salley.
William Butler Yeats: *Beim Weidengarten unten,* dt. v. Mirko Bonné, in: W. B. Y., *Die Gedichte.* München 2005, S. 25.

Woloch, Cecilia (1956 Pittsburgh). Amerikanische Romni. Lyrikerin, Dozentin für Creative Writing. *Blason (Blazon),* engl. in: C. W., *Carpathia.* Rochester, USA, 2009, S. 50, *Ein Platz in der Musik (A place in the music),* engl. in: C. W., *Earth.* Kingston, USA, 2015, S. 8, beide für das vorl. Buch übers. v. Wilfried Ihrig.

Y

Yanisheva, Lera (1979 Moskau). Russische Romni. Schauspielerin am Theater *Romen,* Moskau. Lyrikerin. *Paganini,* Romanes – russ. in: L. Y., *Adadívés i Atasja.* Moskau 2008, S. 16, für das vorl. Buch aus dem Russ. übers. v. Irina Bondas.

Z

Zamfir, Gheorghe (1941 Găeşti). Rumänischer Rom. Panflötist, Lyriker. *Über den Klang hinaus (Dincolo de sunet),* rumänisch (- frz. v. Paul Miclău) in: G. Z., *Dincolo de sunet. Au-dela du son.* Bukarest 1979, S. 16ff, für das vorl. Buch aus dem Rumänischen übers. v. Carmen-Francesca Banciu.

Übersetzer

Banciu, Carmen-Francesca, lebt in Berlin. Schriftstellerin, Übersetzerin für Rumänisch.

Bondas, Irina, lebt in Berlin. Übersetzerin für Russisch.

Brovot, Thomas, lebt in Berlin. Übersetzer für Spanisch.

Dathe, Claudia, lebt in Tübingen. Übersetzerin für Ukrainisch.

Depner, Melitta, lebt in Wiesenbronn. Übersetzerin für Romanes und andere Sprachen.

Falkner, Gerhard, lebt in Berlin. Lyriker, Nachdichtung des Gedichts von Dezider Banga (nach der Prosaübersetzung von Ruben Pellar).

Faltin, Boris, lebt in Berlin. Übersetzer für Englisch.

Filips, Christian, lebt in Berlin. Schriftsteller, Übersetzer für Französisch.

Frahm, Thomas, lebt in Duisburg und Sofia. Sachbuchautor, Übersetzer für Bulgarisch.

Hackl, Erich, lebt in Wien. Schriftsteller, Übersetzer für Spanisch.

Ihrig, Wilfried, lebt in Berlin. Literaturwissenschaftler, Übersetzer für Englisch (u.a.).

Janetzki, Ulrich, freischaffender Kulturvermittler, Literaturwissenschaftler, Übersetzer aus dem Englischen.

Kalász, Orsolya, lebt in Berlin und Budapest. Lyrikerin, Übersetzerin für Ungarisch (mit Monika Rinck).

Kalinin, Valdemar, lebt in London. Forscher, Lyriker, Übersetzer, Transliterationen aus dem kyrillischen Alphabet.

Kennel, Odile, lebt in Berlin. Schriftstellerin, Übersetzerin für Französisch.

Kraus, Dagmara, lebt in Berlin. Lyrikerin, Übersetzerin für Englisch.

Maurin, Aurélie, lebt in Berlin. Übersetzerin für Französisch.

Mieczkowski, Ron, lebt in Berlin. Lektor, Übersetzer für Polnisch.

Moster, Stefan, lebt in Berlin und Helsinki. Schriftsteller, Übersetzer für Finnisch.

Oeser, Hans-Christian, lebt in Dublin. Übersetzer für Englisch.

Pellar, Ruben, lebt in Prag. Übersetzer für slowakisches Romanes.

Pfeiffer, Erna, lebt in Kainbach. Professorin der Universität Graz, Übersetzerin für Spanisch.

Rinck, Monika, lebt in Berlin. Lyrikerin, Übersetzerin für Ungarisch (mit Orsolya Kalász).

Stroińska, Dorota, lebt in Berlin. Übersetzerin für Polnisch.

Wiese, Bardha, lebt in Giessen. Übersetzerin für Albanisch.

Dank

Wir danken besonders den Autoren, die uns Texte zur Verfügung gestellt haben, den Übersetzern und

Radu-Mihai Alexe (Bukarest)
Sidonia Bauer (Köln)
Christa Baumberger (Zürich)
Thomas Benedikter (Frangart)
Marion Bergner (Berlin, ohne die es das Buch nicht gäbe)
Jakub Blank (Berlin)
Thilo Bock (Berlin)
Nina Bottaccini (Toronto)
Vera Chadour (Mediathek der RAA / WIB Berlin)
Michael Chaplin
Wolftraud de Concini (Pergine Valsugana)
Marcel Courthiade (Paris)
Robert Dawson (Blackwell, Derbyshire, dem Förderer der britischen Roma und Traveller, dem Editor und Autor eines Romans über den Völkermord)
Beate Eder-Jordan (Innsbruck)
Christiane Fennesz-Juhasz (Wien)
Tatiana Gabrielson (Tiflis)
Adrienne Green (London)
Wolfgang Guderle (Winterlingen)
Mozes F. Heinschink (Wien)
Lynn Hutchinson (Chirikli Collective, Toronto)
Valdemar Kalinin (London, für die Gedichte zum „Roma-Enlightment" in der UdSSR von Alexander Germano, Nina Dudarova, Olga Pankova, für die Gedichte von Nikolai Satkević, Džhura Makhotin, Ilona Makhotina, das unveröffentlichte Gedicht von Stanisław Stahiro Stankiewicz, die Transliterationen aus dem kyrillischen Alphabet u.a.)
Barbara Kirchner (RAA Berlin)
Kathrin Krahl (Heinrich-Böll-Stiftung Sachsen, RomaRespekt)
Rosie Krebs (Limmat Verlag, Zürich)
Gerald Kurdoğlu Nitsche (Landeck)
Kai Leder (Berlin)
Ron Mieczkowski (Berlin)
Terézia Mora (Berlin)
Matthias Mühling (Lenbachhaus, München)
Thomas Nickich (RAA Berlin)
Markus Pape (Prag)
Veronika Patočková (RomaTrial, Berlin)
Marcin Piekoszewski (Berlin, Buchhandlung buchbund)
Péter Rácz (Budapest)
Franz Remmel (Rumänien)
Petra Rosenberg (Landesverband deutscher Sinti und Roma Berlin-Brandenburg e.V.)
Helena Sadliková (Museum der Roma-Kultur, Brno)
Gheorghe Sarău (Bukarest)
Talea Schuré (Berlin)
Stiftung für deutsch-polnische Zusammenarbeit (Berlin und Warschau)
Viktoriya Stukalenko (Berlin)
Teri Szücs (Budapest)
Peter Wagner (Romano Džaniben, Prag)

Die Morgendämmerung der Worte – Moderner Poesie-Atlas der Roma und Sinti ist im Juli 2018 als vierhundertdritter Band der ANDEREN BIBLIOTHEK erschienen.

Die Herausgabe lag in den Händen von Christian Döring.

Die Sammlung wurde von Wilfried Ihrig und Ulrich Janetzki ausgewählt und ediert.

Lektorat und Redaktion wurden von Christian Döring und Ron Mieczkowski besorgt.

Für das Vorwort bedanken wir uns bei Dotschy Reinhardt.

Bei dem Nachwort von Klaus-Michael Bogdal handelt es sich um eine überarbeitete Fassung seines Aufsatzes, der zuerst erschienen ist im Ausstellungskatalog »Die Verfolgung der Sinti und Roma in München und Bayern 1933–1945«, hg. von Winfried Nerdinger, München 2016.

Dieses Buch wurde von Jenna Gesse, Berlin, gestaltet, ausgestattet und in der Franziska, Amsi und Chaparral gesetzt. Beim Satz wurde sie von Jan Middendorp, Berlin, unterstützt.

Die Herstellung betreute Katja Jaeger, Berlin.

Das Memminger MedienCentrum druckte auf 100 g/m^2 holz- und säurefreies, ungestrichenes Munken Pure. Dieses wurde von Arctic Paper ressourcenschonend hergestellt.

Den Einband besorgte die Verlagsbuchbinderei Conzella in Aschheim-Dornach.

Die Originalausgaben der ANDEREN BIBLIOTHEK sind limitiert und nummeriert.

1.–4.444 2018

Dieses Buch trägt die Nummer: 3056 *

ISBN 978-3-8477-0403-4
AB – DIE ANDERE BIBLIOTHEK GmbH & Co. KG
Berlin 2018